Las Verdades que Sostenemos

Las Verdades que Sostenemos

Una trayectoria por los Estados Unidos

Kamala Harris

Adaptado para lectores
jóvenes por Ruby Shamir

Traducido al español
por Eva Ibarzábal

PHILOMEL

PHILOMEL BOOKS

An imprint of Penguin Random House LLC, New York

First published in the United States of America by Philomel Books,
an imprint of Penguin Random House LLC, 2019.
This work is based on *The Truths We Hold: An American Journey*, by Kamala Harris,
copyright © 2019 by Kamala D. Harris, published by Penguin Press,
an imprint of Penguin Random House LLC.

Philomel Books is a registered trademark of Penguin Random House LLC.

Visit us online at penguinrandomhouse.com

Library of Congress Cataloging-in-Publication Data is available upon request

Printed in the United States of America
This edition ISBN 9780593113356
1 3 5 7 9 10 8 6 4 2

Edited by Jill Santopolo.
Design by Jennifer Chung.
Text set in Adobe Garamond Pro.

A mi querido esposo:

Gracias por ser siempre paciente,

amoroso, comprensivo y sereno.

Y, sobre todo, por tu sentido de "lo gracioso".

Contenido

PREFACIO

Casi todas las mañanas, mi esposo, Doug, se despierta antes que yo y lee las noticias en la cama. Si lo oigo hacer algún ruido: si suspira, se queja o resuella, ya sé qué clase de día nos espera.

El 8 de noviembre de 2016 empezó bien. Era el último día de mi campaña para convertirme en senadora de los Estados Unidos por California. Pasé el día reuniéndome con la mayor cantidad de electores que pude y, por supuesto, fui a votar con Doug a una escuela del vecindario que queda muy cerca de casa. Nos sentíamos muy bien. Habíamos alquilado un local inmenso para mi fiesta de la noche de las elecciones, con globos esperando caer en el preciso momento. Pero primero iría a cenar con la familia y los amigos íntimos, una tradición que comenzó con mi primera campaña aproximadamente una década y media antes. Mucha gente había venido de todas partes del país, incluso del extranjero, para acompañarnos: mis tías, primos, mi familia política y la de mi hermana, entre otros, todos reunidos para lo que esperábamos sería una noche muy especial.

Estaba mirando fijamente por la ventanilla del auto, reflexionando en lo lejos que habíamos llegado, cuando oí uno de los quejidos distintivos de Doug.

—Tienes que ver esto —me dijo, dándome su teléfono. Estaban llegando los primeros resultados de la elección presidencial. Estaba ocurriendo algo… algo malo. Para cuando llegamos al restaurante, la brecha entre los dos candidatos se había reducido muchísimo y yo también comencé a quejarme para mis adentros. Empezaba a preocuparme que sería una noche larga y oscura mientras esperábamos para saber quién sería nuestro próximo presidente.

Nos instalamos en un pequeño salón del restaurante principal para cenar. Las emociones estaban a flor de piel, pero no por los motivos que habíamos anticipado. Por un lado, si bien las votaciones no habían cerrado todavía en California, estábamos optimistas de que yo ganaría. Sin embargo, aunque nos preparábamos para esa merecida celebración, todos los ojos estaban puestos en nuestras pantallas a medida que, estado tras estado, iban reportando números que anticipaban una inquietante historia para la carrera por la presidencia.

En un momento dado, mi ahijado de nueve años,

Alexander, se me acercó con lágrimas en los ojos. Supuse que uno de los otros niños en nuestro grupo lo había estado molestando sobre algo.

—Ven acá, muchacho. ¿Qué te pasa?

Alexander mi miró directo a los ojos. Le temblaba la voz:

—tía Kamala, ese hombre no puede ganar. No va a ganar, ¿verdad? —La preocupación de Alexander me rompió el corazón. Yo no quería que nadie hiciera sentir así a un niño. Ocho años antes, muchos de nosotros lloramos de alegría cuando Barack Obama fue elegido presidente. Y ahora, ver el temor de Alexander…

Su padre, Reggie, y yo lo llevamos afuera para intentar consolarlo.

—Alexander, ¿sabes que, algunas veces, los superhéroes se enfrentan a un gran reto porque un villano viene por ellos? ¿Qué hacen cuando eso ocurre?

—Contraatacan —contestó lloriqueando.

—Así es. Y contraatacan con emoción, porque todos los mejores superhéroes tienen grandes emociones, igual que tú. Pero siempre contraatacan, ¿verdad? Así que eso es lo que haremos.

Poco después, nos enteramos de que yo había ganado mi candidatura. Estábamos todavía en el restaurante.

Me invadió una gran gratitud tanto por las personas que estaban en aquel salón, como por las que había perdido por el camino, particularmente a mi madre, quien había muerto siete años antes. Intenté saborear el momento y lo logré, aunque brevemente. Pero, como todos los demás, volví otra vez la vista a la televisión.

Después de cenar, nos dirigimos a la fiesta de la noche de elecciones, donde más de mil personas se habían reunido para celebrar. Ya había dejado de ser una candidata. Ahora era una senadora electa de los Estados Unidos. La primera mujer de raza negra de mi estado y la segunda en la historia de la nación en ganar esa responsabilidad. Había sido elegida para representar a más de 39 millones de personas, aproximadamente uno de cada ocho estadounidenses de diversos entornos. Era y es un honor extraordinario y una lección de modestia.

Mi equipo aplaudió y vitoreó cuando me uní a ellos en el pequeño salón detrás del escenario. Todavía se sentía abrumador. Mi grupo formó un círculo a mi alrededor mientras yo les agradecía por todo lo que habían hecho. Éramos una familia y habíamos pasado juntos por una experiencia increíble. Pero ahora, casi dos años después del inicio de nuestra campaña, teníamos un nuevo desafío por delante.

Yo había escrito un mensaje basado en la premisa de que

Hillary Clinton sería la primera mujer en convertirse en nuestra presidenta. Pero eso no iba a ocurrir. Cuando miré fuera del salón, mucha gente estaba conmocionada a medida que se conocían los resultados de la elección presidencial.

Le dije al público que teníamos una tarea por delante, que había muchas cosas en juego. Teníamos que comprometernos a unir a nuestro pueblo para proteger los valores y los ideales estadounidenses. Pensé en Alexander y en todos los niños cuando hice una pregunta:

—¿Nos rendimos o luchamos? Yo digo que luchemos y ¡yo tengo la intención de luchar!

Me fui a casa esa noche con mi familia extendida, muchos de los cuales se estaban quedando con nosotros.

Nadie sabía realmente qué decir o qué hacer. Cada uno trataba de sobrellevarlo a su manera. Me puse unos pantalones para correr y me senté con Doug en el sofá. Me comí yo sola una bolsa entera tamaño familiar de Doritos clásicos. No compartí ni uno solo.

Tenía algo muy claro: había terminado una campaña, pero otro reto estaba a punto de comenzar. Uno que reclamaba la unión de todos. Esta vez, era una batalla por el alma de nuestro país.

En los años que han pasado desde entonces, hemos visto

una Casa Blanca que ha rebasado los temores que aterroriza-
ron a Alexander la noche de las elecciones.

Pero nosotros no somos así. Los estadounidenses sabemos
que somos mejores que eso y vamos a tener que probarlo. El
4 de julio de 1992, uno de mis héroes y fuente de inspiración,
Thurgood Marshall, quien fuera juez de la Corte Suprema,
ofreció un discurso que tiene repercusiones todavía en el presente: "No podemos comportarnos como avestruces", dijo. "La
democracia no puede prosperar entre el miedo. La libertad no
puede florecer en medio de la ira. Estados Unidos tiene que
ponerse a trabajar... Tenemos que disentir de la indiferencia.
Tenemos que disentir de la apatía. Tenemos que disentir del
miedo, del odio y de la desconfianza".

Este libro surge de ese llamado a actuar y de mi convicción
de que nuestra lucha debe comenzar y terminar con la verdad.

No podemos resolver nuestros problemas más espinosos a
menos que seamos honestos acerca de cuáles son, a menos que
estemos dispuestos a tener conversaciones difíciles y aceptar lo
que los hechos ponen en evidencia.

Tenemos que proclamar la verdad: que existen fuerzas del
odio en este país, como el racismo, el sexismo, la homofobia,
la transfobia y el antisemitismo, y que tenemos que confron-
tarlo. Tenemos que proclamar la verdad: que, con la excepción

de los nativos americanos, todos descendemos de personas que no nacieron en nuestras costas, ya sea que nuestros ancestros vinieran voluntariamente a los Estados Unidos, con la esperanza de lograr un futuro próspero, o por la fuerza, en un barco de esclavos, o desesperados, para escapar de un doloroso pasado.

Tenemos que proclamar la verdad acerca de lo que hará falta para que todos los trabajadores estadounidenses puedan ganarse la vida con decencia y dignidad. Tenemos que proclamar la verdad sobre a quién enviamos a prisión en este país y por qué. Tenemos que proclamar la verdad sobre las compañías que se lucran aprovechándose de los más vulnerables. Y yo estoy decidida a hacerlo.

Quiero mencionar un par de cosas más antes de comenzar.

Primero, mi nombre se pronuncia "coma-la", como el signo de puntuación. Significa "flor de loto", un importante símbolo en la cultura de la India. Mi madre era india y ella deseaba darme un nombre que celebrara los antepasados de su familia. El loto crece bajo el agua y su flor asciende a la superficie, mientras sus raíces están firmemente plantadas en el fondo del río.

En segundo lugar, quiero que sepan que este libro es muy personal. Esta es la historia de mi familia. Es la historia de mi niñez. Es la historia de la vida que he construido desde entonces. Conocerán a mi familia y a mis amistades, a mis colegas y a mi equipo. Espero que los aprecien como yo lo hago y que, a través de mis palabras, vean que nada de lo que he logrado hubiera podido hacerlo yo sola.

—Kamala, 2018

Uno

POR EL PUEBLO

Todavía recuerdo la impresión que me causó la primera vez que entré como empleada en el Tribunal Superior del Condado de Alameda, en Oakland, California.

Era 1988 y yo estaba haciendo la práctica durante mi último verano en la Escuela de Derecho. Tenía la sensación de que quería trabajar en la oficina del fiscal de distrito cuando obtuviera mi título, pero, no habiendo visto nunca de cerca el trabajo, todavía no estaba decidida.

El sol brillaba con fuerza en el recinto. El edificio se destacaba en Lake Merritt, más alto y majestuoso que otros cercanos. Aunque, desde algunos ángulos parecía un pastel de bodas. Era imponente a su manera y yo sentía que el corazón se me salía cuando subía las escaleras de la entrada principal.

Fui la primera en llegar a la sesión de orientación. En pocos minutos, apareció el resto de mis compañeros de oficina. Había una sola mujer entre ellos, Amy Resner. Tan pronto terminó la sesión, le pedí su número de teléfono. En ese entorno dominado por hombres, era refrescante tener por lo menos una colega mujer. Ella sigue siendo una de mis mejores amigas y yo soy la madrina de sus hijos.

Como practicantes de verano, teníamos muy poco poder o influencia. Nuestra labor era observar, aprender y ayudar en lo que pudiéramos. Era una oportunidad de tener una idea de cómo funcionaba desde adentro el sistema de justicia penal, cómo se sentía cuando se hacía justicia y cuando no. Nos ubicaron con abogados, fiscales experimentados, quienes llevaban a juicio todo tipo de caso y teníamos la oportunidad de estar en sala y participar en el proceso de preparar un caso.

Nunca olvidaré la vez que mi supervisor estaba trabajando en un caso relacionado con una redada de drogas. La policía había arrestado a una cantidad de personas que tenían drogas ilegales, pero también a una mujer inocente. Ella estaba en el lugar incorrecto en el momento equivocado y se la llevaron junto con los demás. Yo no la había visto. No sabía quién era ni conocía su aspecto. No tenía ninguna conexión con ella, excepto el informe que estaba revisando. Pero hubo algo sobre ella que me llamó la atención.

Era un viernes por la tarde y la mayoría ya se había ido a casa por el fin de semana. Con toda probabilidad, hasta el lunes no la vería un juez. Lo que quería decir que ella tendría que pasar el fin de semana en la cárcel.

Comencé a pensar: "¿Trabajará los fines de semana? ¿Tendrá que explicarle a su jefe dónde estaba? ¿La van a despedir?"

Pero, aún más importante, sabía que tenía niños pequeños, así que pensé en ellos: "¿Sabrán que está detenida? Pensarán que hizo algo malo. ¿Quién los estará cuidando ahora? ¿Siquiera hay alguien que pueda cuidarlos? ¿Qué tal si llaman a Servicios de Protección al Menor porque nadie está cuidando a sus hijos? ¡Dios mío, pueden quitarle a sus hijos!"

Todo estaba en juego para esta mujer: su familia, su empleo, su reputación en la comunidad, su dignidad, su libertad. Pero ella no había hecho nada malo.

Corrí a ver al secretario del tribunal y le rogué que le pidiera al juez que regresara por tan solo cinco minutos para que pudiéramos liberarla. Yo no podía dejar de pensar en su familia y sus aterrados hijos. Finalmente, en los postreros minutos del día, el juez regresó. Observé y escuché a medida que él revisaba su caso, esperando que diera la orden. Entonces, con un simple golpe del martillo, quedó en libertad. Se fue a casa con sus hijos, a tiempo para la cena. Nunca tuve la oportunidad de conocerla, pero nunca la olvidaré.

Fue un momento determinante en mi vida. Podía ver

claramente cómo, incluso en los confines del sistema de justicia penal, había tanto en juego y tanto drama humano. Incluso con el limitado poder de un practicante, si alguien se preocupa, puede hacer justicia. Me demostró lo importante que era tener personas compasivas trabajando en la oficina del fiscal de distrito. Muchos años antes de ser elegida para hacerme cargo de una importante fiscalía, esta fue una victoria significativa. Yo sabía que ella se iría a casa.

Y sabía la clase de trabajo que yo deseaba hacer y a quiénes quería prestar servicios.

La sede del juzgado no estaba lejos de donde crecí. Nací en Oakland, California, en 1964 y pasé los primeros años de mi niñez en la colindancia de Oakland y Berkeley.

Mi padre, Donald Harris, nació en Jamaica en 1938. Era un estudiante brillante, quien emigró a los Estados Unidos al ser admitido a la Universidad de California en Berkeley. Estudió Economía y, más tarde, se convirtió en profesor de Economía en la Universidad de Stanford, donde todavía trabaja.

Mi madre, Shyamala Gopalan, inició su vida a miles de millas al este, en el sur de la India. Era la mayor de cuatro hermanos, tres féminas y un varón. Al igual que mi padre, ella era una estudiante talentosa y, al mostrar pasión por las ciencias, sus padres la animaron y apoyaron.

Ella se graduó de la Universidad de Delhi a los diecinueve años. Pero no se detuvo ahí. Presentó una solicitud a un programa graduado en Berkeley, una universidad que nunca había visto, en un país que nunca había visitado. Es difícil para mí imaginar lo difícil que debe haber sido para sus padres dejarla ir. La aviación comercial apenas comenzaba a extenderse a todo el mundo. No sería solo cuestión de mantenerse en contacto. En esa época no había computadoras personales, teléfonos celulares ni correo electrónico. Sin embargo, cuando mi madre pidió permiso para mudarse a California, mis abuelos no se opusieron. Era todavía una adolescente cuando dejó su hogar para instalarse en Berkeley en 1958 para obtener un doctorado y estaba en camino de convertirse en investigadora del cáncer de seno.

Se suponía que mi madre regresara a la India después de obtener su título. Sus padres le habían arreglado un matrimonio. Ellos no habían elegido casarse, sus padres habían tomado la decisión por ellos. Así que, se daba por sentado que mi madre seguiría el mismo camino. Pero el destino tenía otros planes. Mi padre y ella se conocieron y se enamoraron en Berkeley, cuando participaban en el movimiento en pro de los derechos civiles, la lucha de décadas por la justicia y la igualdad de derechos sin importar el color de la piel. Su matrimonio y, por ende, su decisión de quedarse en los Estados Unidos, fueron sus actos definitivos de independencia y de amor. Mis padres tuvieron dos hijas. Mi madre recibió el título de Doctorado (PhD) a sus 25 años de edad, el mismo año que nací yo. Mi adorada hermana Maya nació dos años después. Según los cuentos de familia, en ambos embarazos mi madre trabajó hasta el momento del parto. En la primera ocasión, entró en trabajo de parto en el laboratorio y, en la segunda, mientras preparaba un *strudel* de manzana. Conociendo a mi madre, en ambos casos seguramente insistió en terminar lo que estaba haciendo antes de ir al hospital.

Esos primeros años fueron felices y sin preocupaciones. Me encantaba estar al aire libre y recuerdo que, cuando era pequeña, mi padre quería que corriera libremente. Le decía a mi madre: "Solo déjala correr, Shyamala". Y, entonces, se volteaba hacia mí y decía: "Corre, Kamala. Tan rápido como puedas. ¡Corre!" Yo despegaba, con el viento en el rostro y la sensación de que podía lograr cualquier cosa. No es de extrañar que también tenga muchos recuerdos de mi madre poniéndome curitas en los rasponazos de las rodillas.

Mi casa estaba llena de música. Todas las noches, me quedaba dormida escuchando los discos de jazz que papá ponía en nuestro tocadiscos o a mamá cantando la música góspel que tanto amaba. Pero la armonía entre mis padres no duró. Con el tiempo, las cosas empeoraron. Dejaron de tratarse con cariño. Yo sabía que se amaban mucho, pero no podían llevarse bien. Para cuando cumplí los cinco años, el vínculo entre ellos había cedido. Se separaron poco después de que mi padre aceptara un trabajo en la Universidad de Wisconsin y se divorciaron algunos años más tarde. No pelearon por dinero. Por lo único que pelearon fue por quién se quedaba con los libros.

Fue difícil para ambos. Supongo que, para mi madre, el divorcio representaba una clase de fracaso en el que nunca pensó. Su matrimonio era tanto un acto de rebeldía como de amor. Después de todo, ella había desafiado la tradición de los matrimonios arreglados, lo cual había sido ya complicado de explicar a sus padres. Explicar el divorcio, me imagino, sería todavía peor. Dudo mucho que le hayan dicho "Te lo dije", pero presumo que esas palabras se repetían en su mente de todos modos.

Maya era todavía pequeña cuando ellos se separaron, demasiado joven para entender lo que ocurría, para sentir su dureza. Muchas veces me sentía culpable por algo que Maya nunca pudo experimentar. Yo conocí a nuestros padres cuando eran felices juntos. Maya en realidad nunca los vio así.

Mi padre siguió siendo parte de nuestras vidas. Yo lo veía

los fines de semana y pasaba con él los veranos. Pero fue mi madre quien realmente se hizo cargo de nuestra crianza. Ella fue la responsable de moldearnos hasta convertirnos en las mujeres que somos.

Y fue extraordinaria. Mi madre medía apenas cinco pies y una pulgada de estatura, pero yo la sentía gigantesca. Era inteligente, fuerte, osada y protectora. Además, era generosa, leal y divertida. Tenía solo dos metas en la vida: criar a sus dos hijas y acabar con el cáncer de seno. Nos presionó con expectativas altas a medida que nos educaba. Y, al mismo tiempo, hizo que Maya y yo nos sintiéramos especiales, como si pudiéramos alcanzar todo lo que quisiéramos si trabajábamos para lograrlo.

Mi madre creció en un hogar donde el activismo político y el liderazgo cívico eran innatos. Su madre, mi abuela, Rajam Gopalan, nunca fue a la escuela secundaria, pero era una experta organizadora comunitaria. Ella recibía a mujeres que sufrían los abusos de sus esposos y los llamaba para advertirles que, o enmendaban su comportamiento o ella se haría cargo. Reunía a las mujeres del pueblo, les enseñaba cómo cuidar de su salud y cómo podían evitar los embarazos no planeados. Mi abuelo, P. V. Gopalan, fue parte del movimiento para ganar la independencia de India. De ellos, mi madre aprendió que servir a los demás era lo que le daba sentido y propósito a la vida. Y de mi madre, lo aprendimos también Maya y yo.

Mi madre heredó de mi abuela su fortaleza y valentía. Quienes las conocían sabían que no debían meterse con ellas. Y, de mis abuelos, mi madre heredó una férrea conciencia política. Ella era consciente de la historia, de las luchas, de las desigualdades. Nació con un sentido de justicia grabado en su alma. A menudo, mis padres me llevaban con ellos en un cochecito a las marchas en defensa de los derechos civiles. Tengo recuerdos tempranos de un mar de piernas moviéndose a mi alrededor, de la energía, los gritos y las consignas. La justicia social era una parte integral de las conversaciones familiares. Mi madre se reía contando una historia de la época en que yo hacía mis pataletas de niñita. "¿Qué quieres?" me preguntó ella, tratando de calmarme. "*¡Fweedom!*" le contesté gritando, imitando las consignas que había oído corear en una protesta.

Mi madre estaba rodeada de buenas amigas que eran más como hermanas. Mi madrina, "tía Mary", una compañera de estudios de Berkeley, era una de ellas. Mi madre y la tía Mary se conocieron a través del movimiento pro derechos civiles que empezaba a tomar forma a comienzos de la década de 1960. Mientras los estudiantes negros denunciaban las injusticias, un grupo de hombres y mujeres jóvenes, apasionados, profundamente inteligentes y comprometidos políticamente, se iban descubriendo unos a otros; mi madre y la tía Mary entre ellos.

Asistieron a protestas pacíficas donde la policía las atacó con mangueras. Marcharon en contra de la guerra de Vietnam y a favor de los derechos civiles y el derecho al voto. Fueron juntas a ver al Dr. Martin Luther King Jr. cuando este habló en Berkeley y mi madre tuvo la oportunidad de conocerlo. Me contó que, en una protesta contra la guerra, los participantes fueron confrontados por la pandilla de motociclistas Hell's Angels. Y, en otra ocasión, ella y sus amigas se vieron obligadas a salir corriendo por su seguridad (conmigo en el cochecito) cuando estalló la violencia contra los manifestantes.

Pero mis padres y sus amigos eran mucho más que simples manifestantes. Eran grandes pensadores que impulsaban grandes ideas y organizaban a la comunidad. La tía Mary, su hermano (mi "tío Freddy"), mi madre y mi padre, junto a otra decena de estudiantes, organizaron un grupo de estudio para leer a los escritores de raza negra que la universidad pasaba por alto. Recibieron además a invitados prominentes, incluyendo líderes de los derechos civiles como LeRoi Jones y Fannie Lou Hamer. Mi tío Aubrey fue el primero en enseñar una clase de Estudios Afroamericanos en la Universidad Estatal de San Francisco.

Esta era la gente de mi madre. En un país donde no tenía

parientes, esta era su familia y ella era la de ellos. Prácticamente desde que llegó de India, ella eligió y fue bienvenida y abrazada por la comunidad negra. Esta fue la base de su nueva vida americana.

El mentor de mi madre, Howard, también era nuestro amigo. Él era un endocrinólogo brillante quien la tomó bajo su protección. Cuando yo era niña, me regaló un collar de perlas que trajo de un viaje a Japón. Desde entonces, las perlas se convirtieron en una de mis joyas favoritas. La tía Lenore era una de las confidentes más cercanas de mi madre. Ella me enseñó la belleza de la naturaleza cuando perseguíamos luciérnagas al atardecer. En las noches, visitábamos a la tía Mary, el tío Sherman y yo jugábamos ajedrez. A él le encantaba explicar las grandes implicaciones del juego: la idea de la estrategia, de tener un plan, de pensar las cosas anticipando varios pasos, de predecir las acciones de tu oponente y ajustar las tuyas para superarlo. De vez en cuando, me dejaba ganar.

Yo también era muy unida al hermano de mi madre, Balu, y a sus dos hermanas, Sarala y Chinni (a quien yo llamaba Chitti, que significa "madre más joven"). Ellos vivían a miles de millas de distancia, pero a través de llamadas telefónicas de larga distancia, el intercambio de cartas y visitas periódicas a la India, siempre nos manteníamos en comunicación.

Mi madre, abuelos, tías y tío nos inculcaron a Maya y a mí el orgullo de nuestras raíces de Asia Meridional. Nuestros nombres indios clásicos se remontan a nuestra herencia y fuimos criadas con una firme conciencia y valoración de la cultura de la India.

Pero mi madre también comprendía que estaba criando a dos hijas negras. Sabía que el país que la había adoptado nos vería a Maya y a mí como niñas negras y ella estaba decidida a asegurarse de que nos convertiríamos en mujeres negras dignas y seguras.

Aproximadamente un año después de que nuestros padres se separaron, nos mudamos en la planta alta de una casa de dos pisos en Bancroft Way, en una parte de Berkeley que se conoce como la llanura. Era un vecindario muy bien llevado de familias trabajadoras centradas en hacer bien su trabajo, pagar las facturas y apoyarse mutuamente. Una comunidad comprometida con sus hijos, un lugar donde todos creían en la promesa más fundamental del sueño americano: si te esfuerzas y haces lo correcto para el mundo, el futuro de tus hijos será mejor que el tuyo. Nuestra riqueza no era material, era un patrimonio de principios y valores.

Mamá nos alistaba a Maya y a mí todas las mañanas antes de irse a trabajar a su laboratorio de investigación. Me daba un beso de despedida y yo caminaba hasta la esquina y tomaba el autobús a la escuela primaria Thousand Oaks. Supe más tarde que éramos parte de un experimento integracionista, mezclar estudiantes blancos y negros en el salón de clases, aun cuando vinieran de vecindarios que no eran mixtos. Mi grupo de escuela primaria era solo el segundo en mi ciudad en integrarse a través del transporte en autobús. Los niños negros de la clase trabajadora que venían de las llanuras iban en una dirección y los niños blancos ricos de las colinas de Berkeley iban en el autobús en la otra dirección. En ese momento, yo solo sabía que el gran autobús amarillo era la manera de llegar a la escuela.

Fue fantástico crecer en un entorno tan diverso. Recuerdo que celebrábamos distintas fiestas culturales en la escuela y aprendimos a contar hasta diez en varios idiomas. Recuerdo que los padres, incluyendo a mi madre, se ofrecían como voluntarios en el salón de clases para dirigir proyectos de artes y ciencias con los niños. La Sra. Frances Wilson, mi maestra de primer grado, amaba a sus estudiantes. De hecho, cuando me gradué de la Escuela de Derecho Hastings de la Universidad de California, la Sra. Wilson estaba allí, sentada en el público, aplaudiéndome.

Cuando Maya y yo salíamos de la escuela, muchas veces mi madre estaba todavía en el trabajo, así que nos dirigíamos dos casas más abajo, donde vivían los Shelton, con quienes compartimos una larga relación de amor, cuidado y conexión.

Regina Shelton, originalmente de Louisiana, y su esposo Arthur, de Arkansas, eran propietarios y administradores de una guardería. Estaban consagrados a lograr que los niños del vecindario iniciaran sus vidas de la mejor manera posible. Su guardería era pequeña, pero acogedora, con pósteres en las paredes de líderes afroamericanos fuertes, tales como Frederick Douglass, Sojourner Truth y Harriet Tubman. Los Shelton tenían también un programa después de clase en su casa, y ahí era donde Maya y yo pasábamos las tardes. Decíamos simplemente que íbamos a "la casa". Siempre había niños corriendo por la casa, muchas risas y juegos alegres.

La Sra. Shelton se convirtió rápidamente en una segunda madre para Maya y para mí. Elegante y cariñosa, impartía el estilo tradicional sureño a su gracia y hospitalidad, sin mencionar su *pound cake* y bizcochos hojaldrados que me encantaban. Era además muy sensata, excepcionalmente lista e inusualmente generosa.

Nunca olvidaré el día que hice unas barritas de limón para compartir. Me pasé la tarde preparándolas según una receta que había encontrado en uno de los libros de cocina de mi madre. Me quedaron preciosas y estaba ansiosa por mostrarlas. Las coloqué en un plato, las cubrí con envoltura de plástico y caminé a casa de la Sra. Shelton. Ella estaba sentada a la mesa de la cocina, bebiendo té y riendo con su hermana, la tía Bea, y con mi madre. Con orgullo, mostré mi creación y la Sra. Shelton le dio un gran mordisco. Resultó que había usado sal en lugar de azúcar, pero, como no las había probado, no lo sabía.

—Mmmm, cariño —dijo la Sra. Shelton en su elegante acento sureño, sus labios ligeramente fruncidos por el sabor—. Están deliciosas... quizás tienen demasiada sal... pero están realmente deliciosas.

No me fui pensando que había fracasado. Me fui pensando que había hecho un gran trabajo y solo había cometido un error menor. Fueron pequeños momentos como este los que me ayudaron a desarrollar un sentido de seguridad natural. Tenía la certeza de que era capaz de lograr cualquier cosa.

La Sra. Shelton me enseñó mucho. Ella siempre ofrecía ayuda a las madres que necesitaban consejo o apoyo o simplemente un abrazo, porque así se supone que sea. Ella acogía a niños que no podían vivir con sus padres y adoptó una niña llamada Sandy, quien se convertiría en mi mejor amiga.

Siempre veía el lado bueno de las personas. Eso era algo en ella que yo amaba. Ella apostaba por los niños del vecindario que atravesaban por momentos difíciles y lo hacía con la expectativa de que esos niños en aprietos podrían alcanzar la excelencia. Pero nunca hablaba de eso ni le daba muchas vueltas. Para ella, estas hazañas no eran nada extraordinario; solo eran una prolongación de sus valores.

Cuando volvía de casa de los Shelton, generalmente encontraba a mi madre leyendo o trabajando en sus anotaciones o preparando nuestra cena. Le encantaba cocinar y a mí me encantaba sentarme con ella en la cocina y observar, oler y comer mientras ella cortaba y sazonaba, saqueando una despensa repleta de especias. Cantábamos junto con la música que ponía de fondo.

Mi madre cocinaba como científica. Siempre estaba experimentando. Aprendí que ocra o quingombó puede ser una comida típica del sur de los Estados Unidos o de la India, todo depende de las especias que elijas para prepararla. Ella agregaba camarones y salchicha para prepararla como *gumbo* o la freía con cúrcuma y semillas de mostaza. Incluso mi almuerzo era un laboratorio para sus creaciones: En el autobús, mis amiguitos, con sus sándwiches de mortadela y de crema de cacahuate y jalea, me preguntaban emocionados: "Kamala, ¿qué tienes tú?"

Yo abría la bolsita de papel de estraza, que mi madre decoraba siempre con una carita feliz o un dibujito: "¡Queso crema y aceitunas en pan de centeno!" Tengo que admitir que no todos los experimentos tenían éxito, por lo menos no para mi gusto de escuela primaria. Pero lo importante es que era diferente y eso lo hacía especial, igual que mi madre. Ella lograba que hasta las sobras se vieran atractivas, decía que era un bufé y las colocaba con sofisticados palillos de dientes y pan cortado en formas graciosas. Mi madre tenía el don de lograr que incluso lo común y corriente pareciera extraordinario.

Las risas también abundaban, aunque mi madre podía ser dura. Mi hermana y yo rara vez recibíamos elogios por un comportamiento o un logro que fuera el esperado. "¿Por qué aplaudirte por algo que se supones que hagas?" me decía si yo procuraba algún halago. Y, si yo llegaba a casa con el drama más reciente, esperando solidaridad, en mi madre no la encontraría. Su primera reacción era: "Bueno, ¿y qué hiciste?" Supongo que ella trataba de enseñarme que yo tenía el poder y podía marcar la diferencia. Era justo, pero de todos modos me sacaba de quicio.

Sin embargo, esa severidad siempre venía acompañada de un amor, lealtad y apoyo inquebrantables. Si Maya o yo teníamos un mal día o si el día estaba nublado y había llovido por mucho tiempo, ella celebraba lo que ella llamaba "fiesta de no cumpleaños", con regalos y pastel de no cumpleaños. Otras veces, preparaba algunas de nuestras delicias favoritas: *pancakes* con chispas de chocolate o sus galletas de cereal Special K ("K" por Kamala). Con frecuencia, sacaba su máquina de coser y confeccionaba ropa para nosotras o para nuestras muñecas Barbie. Incluso dejó que Maya y yo eligiéramos el color del auto familiar, un Dodge Dart que manejaba a todas partes. Lo elegimos amarillo, nuestro color favorito en ese momento, y, si se arrepintió de habernos dejado tomar la decisión, nunca lo dijo. El lado positivo era que siempre resultaba muy fácil encontrar nuestro auto en el estacionamiento.

Los domingos, nos enviaba a la Iglesia de Dios de la 23.ª Avenida, apretujadas con otros niños en la parte de atrás del auto de la Sra. Shelton. Mis primeros recuerdos de las enseñanzas de la Biblia eran de un Dios amoroso, un Dios que nos pedía "hablar por aquellos que no pueden hacerlo" y "defender los derechos de los pobres y necesitados". Por eso, hasta el día de hoy creo que debemos vivir nuestra fe y mostrar la fe en nuestras acciones.

Mi día favorito de la semana era el jueves. Los jueves nos podían encontrar siempre en un sencillo edificio color crema que por dentro rebosaba de vida, el hogar de un vanguardista centro de la cultura negra: el Rainbow Sign.

Rainbow Sign era un espacio para la actuación, cine, galería de arte, estudio de baile y mucho más. Tenía un restaurante con una gran cocina y siempre había alguien cocinando algo delicioso: pollo en su jugo, albóndigas con salsa, boniatos caramelizados, pan de maíz, postre de melocotón. De día, se podían tomar clases de baile y de idiomas extranjeros o talleres de teatro y arte. Por la noche, proyectaban películas, ofrecían charlas y actuaciones de los más prominentes pensadores y líderes de la comunidad negra de la época: músicos, pintores, poetas, escritores, cineastas, académicos, bailarines y políticos.

Mi madre, Maya y yo íbamos con frecuencia a Rainbow Sign. Todos en el vecindario nos conocían como "Shyamala y las niñas". Las tres éramos una. Un equipo. Y cuando llegábamos a Rainbow Sign, siempre nos recibían con grandes sonrisas y cálidos abrazos. Las familias con niños eran particularmente bienvenidas en Rainbow Sign, una actitud que reflejaba tanto los valores como la visión de las mujeres que estaban a cargo.

Esto quería decir que los niños, como yo, que pasábamos tiempo en Rainbow Sign nos relacionábamos con decenas de extraordinarios hombres y mujeres, quienes nos mostraron lo que podríamos llegar a ser. En 1971, la congresista Shirley

Chisholm nos visitó mientras exploraba la posibilidad de una candidatura a la presidencia. ¡Eso era fortaleza! Su consigna de campaña prometía "sin jefe, sin dueño". Alice Walker, la escritora que ganaría el premio Pulitzer por *The Color Purple* (El color púrpura) presentó una lectura en Rainbow Sign. Al igual que Maya Angelou, la primera escritora de la raza negra cuyos libros se convirtieron en éxitos de venta, gracias a su autobiografía, *I Know Why the Caged Bird Sings* (Yo sé por qué canta el pájaro enjaulado). La cantautora Nina Simone cantó en Rainbow Sign cuando yo tenía siete años de edad.

Rainbow Sign tenía una atmósfera electrizante. Allí fue donde aprendí que la expresión artística, la ambición y la inteligencia eran apasionantes. Y donde comencé a imaginar lo que podría depararme el futuro. Mi madre nos enseñó que "¡Es difícil!" nunca era una excusa aceptable. Que ser una buena persona significaba abogar por una causa más grande que tú; que el éxito se mide en parte por lo que ayudas a otros a alcanzar y lograr. Ella nos decía: "Combate a los sistemas de manera que los hagas más justos y no te limites porque las cosas hayan sido siempre de la misma forma". Era una crianza cívica, la única clase que conocí, y suponía que era igual para todos.

Era feliz donde estábamos. Pero, cuando cursaba la escuela secundaria, tuvimos que mudarnos. A mi madre le ofrecieron una oportunidad única en Montreal, Canadá, para dar clases en la Universidad McGill y llevar a cabo investigaciones en el Jewish General Hospital. Era un apasionante paso de avance en su carrera profesional.

Para mí, sin embargo, no era una oportunidad estimulante. Tenía 12 años y la sola idea de dejar el clima soleado de California en febrero, a mitad del año escolar, para irnos a un país extranjero donde hablaban francés y estaba cubierto por 12 pies de nieve, era, cuando menos, terrible. Mi madre intentó hacerlo parecer una aventura, al llevarnos a comprar nuestros primeros abrigos de plumón y guantes, como si fuéramos a ser exploradoras del gran invierno del norte. Pero, era difícil para mí verlo de esa forma. Y todavía fue peor cuando mamá nos dijo que quería que aprendiéramos el idioma, así que nos inscribió en una escuela del vecindario para francófonos, Notre-Dame-des-Neiges (Nuestra Señora de las Nieves).

Fue una transición difícil, puesto que el único francés que yo sabía era el de mis clases de ballet. Yo bromeaba diciendo que me sentía como un pato porque todo el día en la nueva escuela lo único que decía era *"Quoi? Quoi? Quoi?"* ("¿Qué? ¿Qué? ¿Qué?")

Me aseguré de llevar mi crianza con mi equipaje a Montreal. Un día, Maya y yo protagonizamos una protesta frente a nuestro edificio porque no se permitía a los niños jugar fútbol en el césped. Me alegra decir que aceptaron nuestras exigencias.

Con el tiempo, convencí a mi madre de que me dejara cambiar a una escuela de bellas artes, donde experimenté con el violín, la trompa y los timbales, junto con mis estudios de historia y matemáticas.

Para cuando llegué a la preparatoria, me había adaptado a nuestro nuevo entorno. Seguía echando de menos mi casa, mis amigos y familiares, y era feliz cuando regresaba durante las vacaciones de verano y las fiestas, cuando nos quedábamos con mi padre o con la Sra. Shelton. Pero me acostumbré a casi todo. Menos al sentimiento de nostalgia por mi país. Sentía el anhelo constante de regresar. No tenía la menor duda de que regresaría a los Estados Unidos para mis estudios universitarios.

Durante la preparatoria, comencé a pesar más concretamente en mi futuro: la universidad y más allá. Siempre supuse que tendría una carrera profesional. Había visto la satisfacción que el trabajo les producía a mis padres. Había visto, además, a una serie de mujeres extraordinarias, tales como la tía Mary, la Sra. Wilson, la Sra. Shelton y, más que ninguna otra, mi madre, que eran líderes que marcaban la diferencia en la vida de los demás.

Si bien la semilla estaba plantada desde muy temprano, no estoy segura de cuándo decidí exactamente que quería ser abogada. Algunos de mis mayores héroes eran abogados: Thurgood Marshall, Charles Hamilton Houston, Constance Baker Motley, gigantes del movimiento por los derechos civiles. Ellos lidiaban batallas en los tribunales para que las personas recibieran igual trato ante los ojos de la ley, como debía ser.

Me preocupaba mucho la justicia, y veía en el derecho una herramienta para ayudar a lograrla. Pero, creo que lo que me atrajo más a la profesión fue la manera en que la gente a mi alrededor confiaba y dependía de los abogados. El tío Sherman y nuestro amigo cercano Henry eran abogados y, cada vez que alguien tenía un problema en la familia o en el vecindario, lo primero que se oía era "Llama a Henry. Llama a Sherman. Ellos sabrán qué hacer. Nos ayudarán a entender lo que ocurre". Yo quería ser capaz de hacer eso. Quería ser la persona a quien la gente llamara. Quería ser la persona capaz de ayudar.

Así que, cuando llegué a la universidad, quise empezar con el pie derecho y pensé: "¿Qué mejor lugar que la universidad a la que asistió Thurgood Marshall?"

* * *

Siempre había oído historias sobre lo increíble que era la Universidad Howard, particularmente por parte de la amiga de mi madre, tía Chris, quien había estudiado allí. Howard tiene un legado extraordinario, que ha perdurado y crecido desde su fundación, dos años después de la Guerra Civil. Perduró cuando las puertas de la educación superior estaban prácticamente cerradas para los estudiantes negros. Perduró cuando la segregación y la discriminación eran la ley en este país. Perduró cuando unos pocos reconocieron el potencial y la capacidad de hombres y mujeres jóvenes de la raza negra para ser líderes. Generaciones de estudiantes han recibido enseñanza y educación en Howard, habilitados con la seguridad para tener aspiraciones altas y con las herramientas para poder llegar a la cima. Yo deseaba ser uno de ellos y, en el otoño de 1982, me mudé a Eton Towers, mi primera residencia universitaria.

Siempre recordaré mi entrada al auditorio para mi orientación de estudiante de primer año. El salón estaba lleno a capacidad. Me quedé de pie en la parte de atrás, miré a mi alrededor y pensé: "¡Este es el cielo!" Había cientos de personas y todas eran como yo. Algunos eran hijos de estudiantes graduados de Howard; otros eran los primeros en sus familias que iban a la universidad. Algunos habían estado toda la vida en escuelas primordialmente para estudiantes negros, mientras que otros durante mucho tiempo fueron de las pocas personas de color en su salón de clases o en sus vecindarios. Algunos venían de ciudades, otros de comunidades rurales y aún otros de países africanos o del Caribe.

Al igual que la mayoría de los estudiantes de Howard, mi lugar favorito para pasar el rato era un área que llamábamos *The Yard*, un espacio cubierto de césped del tamaño de una manzana de la ciudad, en el mismo corazón del campus. En un día cualquiera, uno se podía parar en el medio de ese enorme patio y ver, a la derecha, jóvenes bailarines practicando sus pasos o músicos tocando sus instrumentos y a la izquierda, estudiantes con sus maletines saliendo de la escuela de administración de empresas, así como estudiantes de medicina con sus batas blancas, que regresaban al laboratorio. Se podían ver grupos de estudiantes en un círculo de risas o enfrascados en una conversación profunda. Un columnista del periódico universitario *The Hilltop* con la estrella del equipo de fútbol americano. Un cantante del coro góspel con el presidente del club de matemáticas.

Esa era la belleza de Howard. Cada señal les decía a los estudiantes que podíamos ser lo que quisiéramos, que éramos jóvenes, talentosos y negros, como decía la famosa canción de Nina Simone que mi madre ponía en casa, y no debíamos dejar que nada se interpusiera en nuestro camino al éxito. El campus era un lugar donde no tenías que limitarte a las pautas impuestas por otras personas. En Howard, llegabas tal como eras y salías como la persona que esperabas ser. No había falsas expectativas.

No solo nos decían que podíamos ser excelentes; nos retaban a estar a la altura de ese potencial. Esperaban que desarrolláramos y usáramos nuestros talentos para asumir puestos de liderazgo y tener un impacto en otras personas, en nuestro país y, quizás, incluso en el mundo.

Yo me zambullí con gusto. En mi primer año, me postulé para mi primer cargo electivo: representante de la clase de primer año en el consejo de estudiantes de Artes liberales. Esa fue mi primera campaña, en la que enfrenté al oponente más fuerte que he tenido.

Presidí la sociedad de economía y competí en el equipo de debates. Me uní a la sororidad Alpha Kappa Alpha, la cual fue fundada por nueve mujeres en Howard hace más de un siglo. Y participé en protestas políticas.

Mientras estuve en Howard, además de estudiar, tuve varios trabajos. Como la universidad estaba en Washington, DC, hice práctica en la agencia gubernamental Comisión Federal de Comercio. Realicé labor investigativa en el Archivo General y fui guía turístico en la Oficina de grabado e impresión de los Estados Unidos. Una vez, salí de mi turno y me encontré con dos leyendas de la actuación y activistas de derechos civiles, Ruby Dee y Ossie Davis, en el área principal, esperando para un recorrido especial después del horario regular. Insistieron en hablar conmigo y me dijeron que se sentían orgullosos de ver a una jovencita negra trabajando en el servicio público. Nunca olvidé la emoción que sentí cuando estos dos imponentes íconos se tomaron la molestia de mostrar interés en mí, siendo yo tan joven.

En el verano de mi segundo año, conseguí una práctica con el senador Alan Cranston de California. ¿Quién hubiera pensado que unos treinta años más tarde, yo sería elegida para ese mismo escaño senatorial? Todavía conservo, enmarcada, la carta de agradecimiento del administrador de su oficina y la tengo colgada en mi oficina del Senado, donde se sientan mis propios practicantes. A menudo les digo: "¡Están viendo su futuro!". Me encantaba ir al Capitolio ese verano todos los días a trabajar. Se sentía como el epicentro del cambio. Incluso como una practicante clasificando el correo, me emocionaba ser parte de todo eso. Me cautivaba todavía más el edificio de la Corte Suprema, al otro lado de la calle. Cruzaba la calle en el verano cálido y húmedo, cuando se podía cortar el aire con un cuchillo para untar, solo para quedarme perpleja ante su magnificencia y leer las palabras esculpidas en el mármol sobre la entrada: *EQUAL JUSTICE UNDER LAW* (Justicia equitativa ante la ley). Imaginaba un mundo donde eso fuera posible.

Después de Howard, regresé a casa en Oakland y me matriculé en la Escuela de Derecho Hastings de la Universidad de California.

Cuando me di cuenta de que quería trabajar como fiscal en la oficina del fiscal de distrito, que había encontrado mi vocación, estaba ansiosa por compartir la noticia con mi familia y amistades. No me sorprendió que tuvieran sus dudas. Tuve que defender mi decisión como si estuviera ya en el tribunal.

Los fiscales son abogados que trabajan para el gobierno y llevan casos contra las personas que cometen delitos. Me interesaba trabajar como fiscal en la oficina del fiscal de distrito en Oakland, que ubicaba en el edificio con apariencia de pastel de bodas en el Condado de Alameda, en California.

Estados Unidos tiene un pasado oscuro y bien guardado de personas que usan el poder de la fiscalía de manera injusta y arbitraria. Yo conocía bien esa historia: hombres inocentes incriminados, acusaciones contra personas de color sin pruebas suficientes, fiscales que ocultaban información que probaría que los acusados de un crimen eran inocentes. Crecí oyendo esas historias, así que entendía el recelo de mi comunidad. Pero la historia también tenía otro ángulo.

Conocía la historia de fiscales valientes que persiguieron al racista y violento Ku Klux Klan en el sur. Fiscales que persiguieron a políticos corruptos y a corporaciones que emanaban contaminación. Conocía el legado de Robert Kennedy, quien, siendo fiscal general de los EE. UU., envió en 1961 a funcionarios del Departamento de Justicia a proteger a los activistas pro derechos civiles conocidos como *Freedom Riders* (Viajeros de la libertad) y, al año siguiente, envió alguaciles federales para proteger a James Meredith, el primer estudiante afroamericano en una Universidad de Mississippi.

Yo sabía muy bien que la justicia equitativa era una meta que no habíamos alcanzado. Sabía que la ley se aplicaba de manera desigual, muchas veces deliberadamente. Pero también sabía que lo que estaba mal en el sistema no tenía que ser un hecho permanente. Y yo quería ayudar a cambiarlo.

Una de las expresiones favoritas de mi madre era: "No dejes que nadie te diga quién eres. Tú diles quién eres". Y así lo hice. Sabía que para lograr el cambio hacía falta lo que yo había visto toda mi vida, rodeada de adultos gritando consignas, marchando y exigiendo justicia desde afuera. Pero sabía también que había un papel importante adentro, sentada en la mesa donde se tomaban las decisiones. Cuando los activistas llegaran marchando y golpeando puertas, yo quería estar del otro lado para dejarlos pasar.

Yo iba a ser una fiscal con mi propia imagen. Iba a hacer el trabajo desde el punto de vista de mis propias experiencias y perspectivas, desde la sabiduría obtenida en las piernas de mi madre, en el pasillo de Rainbow Sign, en el patio de Howard.

Una parte importante de lo que esa sabiduría me dictaba era que, en lo relacionado con la justicia penal, veníamos obligados a aceptar opciones falsas. Por demasiado tiempo, nos dijeron que existían solo dos opciones: mano dura contra el crimen o indulgencia. Pero eso era simplista y pasaba por alto las realidades de la seguridad pública. Se puede desear que la policía ponga fin a la criminalidad del vecindario y, al mismo tiempo, que no use más fuerza de la necesaria. Se puede desear perseguir a un asesino en las calles y, al mismo tiempo, desear que no se dejen llevar por perfiles raciales, suponiendo que la gente es más propensa a cometer un delito debido a su raza, debido a su apariencia externa. Se puede creer que los delincuentes deben ir a la cárcel, pero también oponerse a que se encarcele a las personas injustamente.

Al finalizar mi práctica de verano, acepté emocionada un puesto de fiscal de distrito adjunto. Solo tenía que terminar mis estudios de Derecho y tomar el examen de reválida que me certificaría como abogada apta para ejercer la profesión y, entonces, podría comenzar mi carrera en la sala de justicia.

Terminé mis estudios de leyes en la primavera de 1989 y tomé el examen de reválida en julio. Durante las últimas semanas del verano, mi futuro se veía claro y brillante. La cuenta regresiva para la vida que imaginaba hacia comenzado.

Entonces, una sacudida me paró en seco. En noviembre, el colegio de abogados del estado envió las cartas a todos los que habían tomado el examen y, para mi total y absoluta devastación, yo no había aprobado. No podía creerlo. Casi no podía soportarlo. Mi madre siempre me decía: "No dejes las cosas a medias" y yo siempre me lo había tomado a pecho. Yo era muy aplicada, perfeccionista. Nunca daba las cosas por sentadas. Y ahí estaba yo, carta en mano, descubriendo que, al estudiar para el examen, había dado la demostración menos determinante de mi vida.

Afortunadamente, todavía tenía trabajo en la oficina del fiscal de distrito. Me iban a dejar, con labores administrativas, y me darían espacio para estudiar y volver a tomar el examen en febrero. Estaba agradecida por eso, pero me resultaba difícil ir a la oficina sintiendo que había fracasado. Prácticamente todos los demás que fueron contratados junto conmigo habían aprobado y seguirían con su aprendizaje, sin mí. Recuerdo que pasé cerca de la oficina de alguien y los oí decir: "Pero ella es muy inteligente, ¿cómo es posible que no lo haya pasado?" Me sentí miserable y avergonzada. Me preguntaba si la gente pensaría que yo era una farsante. Pero mantuve la frente en alto y seguí trabajando todos los días... y aprobé el examen en el segundo intento. Me sentí muy orgullosa y honrada el día que juramenté como funcionaria del tribunal, y me presenté en el juzgado lista para comenzar a trabajar. Pero resultó que ni la escuela de Derecho ni el examen de reválida enseñan realmente lo que hay que hacer en sala y, en aquellos primeros días, se sentía como si acabara de descender en otro planeta, donde todos hablaban el mismo idioma, menos yo. Y, ahora, por primera vez, tenía que llevar un caso a juicio, yo sola.

Me preparé, repasando los hechos del caso una docena de veces. Practiqué las preguntas que quería hacer una y otra vez hasta que me las aprendí de memoria. Investigué y volví a investigar cada procedimiento y uso. Hice todo lo que pude. Pero había mucho en juego y nunca parecía estar lo suficientemente preparada.

Entré a la sala de justicia, caminé por el pasillo principal y pasé las filas hasta la división que separa a los acusados, las familias, los testigos y otros espectadores de los funcionarios del tribunal. Había sillas alineadas frente a la división para los abogados que esperaban que sus casos fueran atendidos y yo me senté entre ellos. Estaba nerviosa y emocionada. Pero, más que nada, me sentía honrada y muy consciente de la inmensa responsabilidad que tenía: el deber de proteger a quienes se contaban entre los miembros más vulnerables, sin voz en nuestra sociedad. Cuando me tocó el turno, me levanté de la silla en el escritorio del fiscal y di un paso al frente del estrado, pronunciando las palabras que todo fiscal tiene que decir:

"Kamala Harris, en representación del pueblo".

La razón por la cual tenemos oficinas públicas de fiscales en los Estados Unidos es que, en nuestro país, cuando se comete un delito o crimen contra cualquiera de nosotros se considera que se comete contra todos. Prácticamente por definición, nuestro sistema de justicia penal involucra asuntos en los que el poderoso perjudica al menos poderoso, y no esperamos que la parte más débil pueda garantizar la justicia por sí sola; lo convertimos en un esfuerzo colectivo. Por eso, los fiscales no representan a la víctima; representan "al pueblo", a todos nosotros, a la sociedad en general.

Ese principio fue mi norte al trabajar con las víctimas

del crimen, cuya dignidad y seguridad siempre fueron lo más importante para mí. Hay que tener un valor extraordinario para dar un paso al frente y compartir su historia. No solo tienen que repetir una y otra vez un crimen que fue doloroso o humillante, sino que tienen que soportar el contrainterrogatorio de la otra parte, sabiendo que van a cuestionarles todo y que hasta los más íntimos detalles saldrán a relucir. Pero, cuando suben al estrado, lo hacen por el beneficio de todos nosotros, de modo que quienes violen la ley enfrenten consecuencias y asuman su responsabilidad.

"Por el pueblo" fue mi guía y no había nada que yo tomara más en serio que el poder que poseía. Apenas comenzaba como fiscal y ya tenía la última palabra sobre si se acusaría a alguien por un crimen y, de ser así, cuántos y cuáles cargos se presentarían. Podía negociar con el abogado defensor del acusado o hacer recomendaciones a un juez que podrían privar de la libertad a una persona de un plumazo.

A pesar de este poder, nuestro sistema judicial está constituido por mucho más que el fiscal, el defensor y el juez. Tenemos también un jurado: doce personas seleccionadas del entorno circundante que escuchan los casos presentados por los abogados de ambas partes y deciden si el acusado es culpable o no.

Cuando llegó el momento del alegato final, me dirigí al estrado del jurado. Decidí hacerlo sin notas para no estar mirando papeles y leyendo mis mejores argumentos por los cuales deberían condenar al acusado. Quería mirar a los ojos a los miembros del jurado. Pensaba que debía conocer mi caso de tal manera que pudiera cerrar los ojos y ver todo el incidente en 360 grados.

Cuando terminé mi alegato y regresé a la mesa de la fiscalía, eché un vistazo al público. Allí estaba sentada Amy Resner, mi amiga del primer día de orientación, con una gran sonrisa en su rostro, animándome. Ahora ambas habíamos encontrado nuestro rumbo.

El trabajo diario era intenso. En cualquier momento dado, un solo fiscal podía estar haciendo malabares para atender más de un centenar de casos. Posteriormente fui asignada a trabajar en delitos graves violentos, crímenes tales como asesinatos. Podía estar de guardia durante una semana y tener que correr a la escena de un homicidio cuando habían matado a alguien. Generalmente, eso significaba saltar de la cama entre medianoche y las 6:00 de la mañana. Hay normas en la Constitución de los Estados Unidos para la forma en que se recopila la evidencia y cómo esta se puede usar en un juicio. Mi función era asegurarme de que se hiciera de la manera correcta. A menudo tenía que explicar a las víctimas y a sus familiares que existe una diferencia entre lo que sabemos que ocurrió y lo que podemos probar que ocurrió. El solo hecho de que alguien sea arrestado por un crimen no quiere decir que será condenado y que irá a prisión. El caso que preparan los fiscales depende de reunir la evidencia de la escena del crimen de una manera legal.

En la sala de justicia me sentía como pez en el agua. Entendía su ritmo. Estaba cómoda con sus peculiaridades. Más adelante, pasé a una unidad enfocada en procesar delitos sexuales: poner tras las rejas a los violadores y pederastas. Estas son personas que cometen crímenes detestables de agresión sexual, obligando a otras personas, incluso niños, a realizar actos sexuales. Era un trabajo difícil, perturbador y sumamente importante. Conocí a muchas niñas y algunos niños que fueron víctimas de abuso, agresión, negligencia, con frecuencia por parte de personas en quienes confiaban.

Era difícil no sentirse abrumado por todos los serios problemas que combatíamos. Mandar a prisión a los agresores significaba que no lastimarían a otros niños. Pero, ¿qué ocurría con los niños a quienes ya habían hecho daño? ¿Cómo había ayudado nuestro sistema a esos niños? Esa realidad, así como qué hacer para remediarlo, me daba vueltas en la cabeza, desde lo más recóndito de mi mente hasta la mollera.

Pero pasarían algunos años antes de que pudiera abordarlo de frente.

En 1998, después de ocho años en la Oficina del Fiscal de Distrito del Condado de Alameda, me reclutaron al otro lado de la bahía para hacerme cargo de la unidad de delincuentes habituales de la Oficina del Fiscal de Distrito de San Francisco, centrada en delincuentes violentos y delincuentes reincidentes que habían hecho carrera en el crimen. Desde el momento que llegué, me di cuenta de que la oficina era disfuncional y tenía un montón de casos atrasados.

Había rumores de que, cuando los abogados terminaban un caso, algunos tiraban los expedientes a la basura. Esto era a finales de la década de 1990 y la oficina todavía no tenía correo electrónico. Era un ambiente nada profesional y, sin embargo, muy poderoso. Era una vergüenza.

Después de 18 meses, recibí una cuerda de salvamento. La abogada de la ciudad de San Francisco, Louise Renne, me llamó para ofrecerme un puesto como directora de la división de su oficina que manejaba los servicios de familias y menores. Contrario a la oficina del fiscal de distrito, el abogado de la ciudad no presenta casos penales. Básicamente, es como la oficina de asuntos legales del gobierno municipal. Le dije que aceptaría el empleo, pero que no quería ser un abogado más viendo casos individuales. Yo quería trabajar estableciendo políticas que mejoraran el sistema en su totalidad, ayudar a los niños con problemas antes de que terminaran en el sistema de justicia penal.

Louise estuvo totalmente de acuerdo.

Estuve dos años en la oficina del abogado de la ciudad. Inicié un cuerpo especial para estudiar los problemas de niños que habían sido víctimas de delincuentes. Mi colega en este proyecto era Norma Hotaling, quien había tenido una niñez muy difícil, pero había reunido las fuerzas para cambiar su vida y deseaba ayudar a otros niños que afrontaban los mismos retos que ella.

Una de nuestras prioridades era crear un lugar seguro para que estos jovencitos recibieran amor, apoyo y tratamiento. Sabía por mis años de experiencia que los sobrevivientes que intentábamos ayudar generalmente no tenían a dónde ir. En la mayoría de los casos, sus padres estaban fuera del panorama. Muchos de ellos habían escapado de hogares sustitutos, los arreglos de vivienda temporal para niños que no pueden vivir con sus padres. La gente a menudo se preguntaba por qué esos niños explotados recogidos por la policía volverían con los delincuentes que "los cuidaban". Para mí no era tan extraño, ¿a dónde más podían acudir?

Para nuestra satisfacción, el gobierno municipal aceptó y financió nuestra recomendación de abrir un refugio para estos niños.

Era un trabajo que trascendía, empoderaba y demostraba que yo era capaz de hacer política pública seria. Además, me dio confianza para saber que, cuando se presentaba un problema, yo podía ayudar a crear las soluciones. Todas las veces que mi madre me preguntó: "Bueno, y tú, ¿qué hiciste?" de repente adquirieron más sentido. Me di cuenta de que no tenía que esperar a que alguien más tomara las riendas. Yo sola era capaz de poner las cosas en marcha.

Creo que entender eso fue lo que hizo que decidiera optar por un cargo electivo. De todos los problemas que veía frente a mí, pocos necesitaban arreglo más urgente que la oficina del fiscal de distrito, de la cual me había ido dos años antes. De pronto, ya no se trataba solo de un problema importante que había que resolver. Era un problema que *yo* podía resolver.

Yo deseaba honrar, apoyar y empoderar la oficina del fiscal de distrito en su totalidad. Pero, para hacerme cargo de la oficina y realizar cambios, tenía que postularme a un cargo electivo, ya que, si bien los abogados en la oficina del fiscal de distrito no son elegidos por el pueblo, el fiscal de distrito sí lo es. Una campaña política sería un proyecto titánico. Mis amigos, mi familia, mis colegas y mentores apoyaban la idea, pero también estaban preocupados. Mi futuro oponente tenía una reputación de gran peleador. De hecho, su apodo era Kayo (como en K.O. o "*knockout*"), un tributo a la cantidad de nocauts que había conseguido en su juventud como boxeador. La campaña no solo sería dura, sino también costosa y yo no tenía experiencia alguna en recaudación de fondos.

¿Era realmente el momento adecuado para postularme? No tenía manera de saberlo. Pero sentía cada vez más que "esperar y ver qué pasa" no era una opción. Pensé en el escritor James Baldwin, cuyas palabras definieron gran parte de la lucha por los derechos civiles. Él escribió: "Nunca hay tiempo en el futuro en el cual vamos a resolver nuestra salvación. El desafío es en este momento; el tiempo es siempre ahora".

Dos

UNA VOZ PARA LA JUSTICIA

"Kamala, vamos. Se nos va a hacer tarde". Mi madre se estaba impacientando. "Un segundo, mami", le respondí. (Sí, mi madre era y seguirá siendo siempre para mí "Mami"). Íbamos a los cuarteles generales de mi campaña, donde se estaban reuniendo los voluntarios. Mi madre siempre se encargaba de la operación de los voluntarios y no perdía el tiempo. Todos sabían que, cuando Shyamala hablaba, usted escuchaba.

Fuimos en auto desde mi apartamento, más allá de la riqueza y las atracciones del centro de San Francisco, hasta un vecindario mayormente negro en el lado sureste conocido como Bayview–Hunters Point. Bayview había sido el hogar del astillero naval de Hunters Point, el cual ayudó a construir la flota de combate de los Estados Unidos a mediados del siglo veinte. En la década de 1940, el prospecto de buenos empleos y vivienda asequible en los alrededores del astillero atrajo a miles de afroamericanos que buscaban oportunidades y alivio del dolor y la injusticia de la segregación. Estos trabajadores doblaron el acero y soldaron las placas que ayudaron a nuestro país a ganar la Segunda Guerra Mundial.

Pero, al igual que en otros tantos vecindarios similares de los Estados Unidos, el progreso se había detenido. Después del cierre del astillero, era difícil encontrar trabajo. Preciosas casas antiguas estaban selladas con tablones; los desperdicios tóxicos contaminaron el suelo, el agua y el aire. Las drogas y la violencia envenenaron las calles. Y la peor clase de pobreza se instaló para largo. Bayview era la clase de lugar que nadie en la ciudad veía nunca a menos que se lo propusiera. No pasabas por allí si ibas en la autopista, no cruzabas por allí para llegar de un lado de la ciudad a otro. Era, de manera profundamente trágica, invisible para el resto del mundo. Yo quería ayudar a cambiar eso. Así que, instalé los cuarteles generales de mi campaña para fiscal de distrito en el corazón de Bayview.

Los asesores políticos pensaron que yo estaba loca. Dijeron que ningún voluntario de la campaña vendría jamás a Bayview de otras partes de la ciudad. Pero fueron lugares como Bayview precisamente los que me inspiraron a postularme. Yo no era candidata para tener una lujosa oficina en el centro de la ciudad. Yo era candidata para tener la oportunidad de representar a la gente cuyas voces no se habían oído, para llevar la promesa de la seguridad pública a todos los vecindarios, no solo a algunos. Además, yo no creía que la gente no vendría a Bayview. Y tenía razón, llegaron, por docenas.

San Francisco, al igual que todo nuestro país, es diverso, pero segregado: más un mosaico que una amalgama. No obstante, nuestra campaña atraía a personas que representaban todo el dinamismo de la comunidad completa: blancos, negros, asiáticos y latinos; ricos y de la clase trabajadora; hombres y mujeres; jóvenes y viejos; homosexuales y heterosexuales. Un grupo de adolescentes artistas del grafiti decoraron la pared posterior con la palabra JUSTICE con letras gigantes pintadas con aerosol. El comité bullía con voluntarios, algunos llamaban a los electores, otros se sentaban alrededor de una mesa llenando sobres, otros recogían tablillas sujetapapeles para ir de casa en casa a hablar con la gente de la comunidad acerca de lo que intentábamos hacer.

Llegamos a tiempo a los cuarteles generales. Dejé salir a mi madre.

—¿Tienes la tabla de planchar? —me preguntó.

—Sí, claro, está en el asiento de atrás.

—Está bien. Te amo —me dijo al cerrar la puerta del auto.

Cuando me alejaba, alcancé a oírla decir:

—Kamala, ¿y la cinta plateada?

Yo tenía la cinta plateada.

Volví al camino y manejé hasta el supermercado más cercano. Era sábado por la mañana, el equivalente de la hora pico en las tiendas de comestibles. Me estacioné en uno de los pocos espacios disponibles en el estacionamiento. Saqué la tabla de planchar, la cinta y un letrero de campaña que se veía un poco estropeado de tanto tirarlo dentro y fuera del carro.

Quien piense que ser candidato es glamoroso, debería haberme visto cruzar el estacionamiento a zancadas con la tabla de planchar bajo el brazo. Recuerdo a los niños que miraban con curiosidad la tabla de planchar y señalaban y a las madres que los llevaban a toda prisa. No las culpaba. Debo haberme visto desubicada, por no decir trastornada.

Pero una tabla de planchar es el mostrador perfecto. La coloqué frente a la entrada del supermercado, justo a un lado, cerca de los carritos, y le pegué con cinta un letrero que leía KAMALA HARRIS, A VOICE FOR JUSTICE (Una voz para la justicia). Acomodé varias pilas de mi folleto sobre la tabla de planchar y, al lado, una tablilla sujetapapeles con una hoja para las firmas. Entonces, me puse a trabajar.

Los compradores salían con sus carritos por las puertas automáticas, cerrando los ojos para protegerse del sol, tratando de recordar dónde habían estacionado sus carros. Y, entonces, desde el jardín izquierdo, yo decía:

—¡Hola! Soy Kamala Harris, candidata para fiscal de distrito. Espero contar con su apoyo.

La verdad, me conformaba con que recordaran mi nombre. Al inicio de la campaña, hicimos un sondeo para ver cuánta gente en el condado de San Francisco había oído hablar de mí. La respuesta fue un apabullante 6 por ciento. O sea, seis de cada cien personas habían oído hablar de mí. Yo no podía evitar preguntarme si mi madre sería una de esas personas a quienes llamaron al azar.

Pero no me metí en esto pensando que sería fácil. Sabía que tendría que trabajar fuerte para darme a conocer, así como lo que yo representaba para un montón de personas que no tenían la menor idea de quién era yo.

Para algunos candidatos novatos, interactuar con desconocidos puede ser incómodo y eso es comprensible. No es fácil iniciar una conversación con alguien que te pasa por el lado en la calle o intentar conectar con gente en la parada de autobuses cuando regresan a casa después del trabajo o entrar a un negocio y tratar de conversar con el dueño. Yo obtuve mi cuota de desaires tanto respetuosos como irrespetuosos. Pero con mucha más frecuencia conocí a personas muy cordiales, francas y ansiosas por hablar sobre los problemas que afectaban su vida cotidiana y sus esperanzas para con su familia y su comunidad. Años más tarde, todavía me encuentro con personas que recuerdan nuestras conversaciones en esas paradas de autobuses.

Puede sonar extraño, pero lo más parecido que recordaba era la selección del jurado para un proceso judicial. Cuando trabajé como fiscal, pasé mucho tiempo en la sala del tribunal hablando con personas que habían sido citadas para servir de jurado de todas partes de la comunidad. Mi trabajo era hacerles preguntas durante varios minutos y, a base de eso, intentar averiguar qué era importante para ellos. Hacer campaña era parecido, pero sin tener al abogado de la parte contraria tratando de interrumpir. Me encantaba ser capaz de hablar con la gente. Alguna que otra vez, salía una madre con una niña pequeña en el carrito del supermercado y podíamos pasar unos buenos veinte minutos hablando sobre su vida, sus luchas y el disfraz de su hija para la noche de brujas. Antes de despedirnos, la miraba a los ojos y le decía: "Espero poder contar con su apoyo". Es increíble con la frecuencia que la gente me decía que nunca antes alguien les había pedido eso directamente.

Aun así, este proceso no se me daba de forma natural. Siempre estaba más que dispuesta a hablar sobre el trabajo por hacer. Pero los electores no solo deseaban oír hablar de política pública. Querían saber sobre mi vida personal: quién era, cómo había sido mi vida, las experiencias que me formaron. Deseaban entender quién era yo en el fondo. Pero yo no fui criada para hablar de mí. Crecí pensando que eso era vanidad. Por lo tanto, si bien entendía lo que motivaba sus preguntas, me tomó algún tiempo acostumbrarme.

Había varios candidatos en mi primera candidatura a fiscal de distrito y una segunda vuelta era inevitable. Eso quería decir que, después del día de las elecciones, los dos candidatos con la mayor cantidad de votos tenían que enfrentarse en una segunda elección semanas después.

Pasé el día de las elecciones estrechando manos en las calles. Desde que salió el primer grupo de trabajadores antes del amanecer hasta que cerraron los colegios de votación. Mi familia, amigos, los empleados más antiguos de mi campaña y yo fuimos a cenar cuando comenzaban a llegar los resultados. Cada vez que un precinto electoral informaba los resultados, entre bocados de pasta, actualizaban el marcador en el mantel de papel.

Estábamos a punto de salir, cuando mi hermana, Maya, me agarró el brazo. Acababa de llegar una nueva actualización.

—Ay, Dios mío, ¡lo lograste! —exclamó—. ¡Llegaste a la segunda vuelta!

Hice los cálculos yo misma para estar segura de que ella tenía razón. Recuerdo que miré a Maya y ella me miró y ambas dijimos: "¿Puedes creerlo? ¡De verdad estamos en esto!"

La segunda vuelta se celebró cinco semanas después. Estaba lloviendo y yo pasé el tiempo mojándome bajo la lluvia mientras estrechaba la mano de los votantes en las paradas de autobuses. Esa noche, tal y como lo esperaba, obtuvimos una victoria decisiva.

Celebramos una fiesta en los cuarteles generales de la campaña y salí a hablar mientras resonaba en el salón la canción *We Are the Champions*. Al mirar a la multitud —amigos, familiares, mentores, voluntarios de la campaña—, vi a una sola comunidad. Había personas de los vecindarios más pobres y de los más ricos; oficiales de la policía junto a defensores de la reforma policíaca; jóvenes vitoreando junto a personas de la tercera edad. Era un reflejo de lo que siempre consideré cierto: cuando las cosas que más nos importan están en juego, es mucho más lo que tenemos en común que lo que nos separa.

Para mi toma de posesión como fiscal de distrito, el salón estaba lleno a capacidad, centenares de personas habían llegado de todos los rincones de la ciudad. Los tamborileros tocaron, un coro juvenil cantó y uno de mis pastores pronunció una hermosa oración. Un dragón chino formado por bailarines recorrió los pasillos y el coro gay de San Francisco nos deleitó con una serenata. Una ceremonia multicultural, multirracial, delirante en la mejor y más hermosa de todas las formas.

Después de juramentar, caminé entre el público, estrechando manos, recibiendo abrazos y absorbiendo todo el júbilo. Cuando la celebración se calmó, se me acercó un hombre con sus dos hijas jóvenes.

—Las traje para que pudieran ver lo que puede lograr alguien que se ve como ellas —me dijo.

Después de la ceremonia, me escabullí para ver mi nueva oficina. Deseaba saber qué se sentía sentarse en la silla. Debbie Mesloh, miembro de mi equipo, y yo fuimos en carro al Hall of Justice. Situado junto a la autopista, el "850", como se le conocía (por 850 Bryant Street), era un edificio gris, solemne e imponente. Yo solía bromear diciendo que era un lugar "horriblemente maravilloso" para trabajar. Además de la oficina del fiscal de distrito, el edificio era la sede del departamento de policía, las salas de justicia penal, la oficina municipal encargada de remolcar los automóviles, la cárcel del condado y la oficina del médico forense de la ciudad, donde se investigaban los homicidios. Sin duda alguna, este era el lugar donde las vidas de muchas personas cambiaban, algunas veces, para siempre.

—¡Vaya! —Contemplé mi oficina. O, mejor dicho, le eché un vistazo a la habitación vacía. La habían despojado prácticamente de todo como parte de la transición. Un gabinete de metal contra una pared tenía encima una computadora Wang de la década de 1980. (Imagínense, estábamos en el 2004). Con razón la oficina no tenía correo electrónico. En una esquina, un bote de basura revestido de plástico; unos cuantos cables sueltos salían del piso. No había escritorio en la oficina, solo una silla donde había estado el escritorio. Pero, estaba bien. Porque era la silla lo que yo buscaba, así que tomé asiento.

Estaba todo en silencio. Por primera vez desde que amaneció ese día, yo estaba sola con mis pensamientos, asimilándolo todo.

Me había postulado porque sabía que yo podía hacer el trabajo y estaba convencida de que podía hacerlo mejor de lo que se había hecho antes. No obstante, sabía que yo representaba algo mucho más grande que mi propia experiencia. En ese momento, no había muchos fiscales de distrito con mi apariencia o mis antecedentes. Todavía no los hay. Un informe realizado en el 2015 arrojó que más de nueve de cada diez fiscales elegidos en nuestro país eran blancos y aproximadamente ocho de cada diez eran hombres blancos.

Ninguna parte de mi vida tendría más peso en mi perspectiva que la década que dediqué a la fiscalía. Conocía el sistema penal al derecho y al revés. Lo que era, lo que no era y lo que podría llegar a ser. Se suponía que la sala judicial fuera el epicentro de la justicia; pero, a menudo era el epicentro de la injusticia. Sabía de ambos casos.

Había estado suficiente tiempo en los tribunales como para ver víctimas de violencia que regresaban años después como perpetradores de actos de violencia. Trabajé con niños que crecieron en vecindarios tan inmersos en el crimen que sus niveles de estrés eran tan altos como los niños que crecían en zonas de guerra. Trabajé con niños que cambiaron de hogar de acogida en seis ocasiones antes de cumplir los 18 años de edad. Vi a niños marcados con un futuro sombrío simplemente porque venían de vecindarios con altas tasas de criminalidad. Por supuesto que se debe castigar a quienes violen las leyes, pero ¿acaso los niños y las familias en estas comunidades no merecen también ayuda cuando caen?

En lugar de eso, nuestro sistema fue diseñado para encerrar a la gente. Estados Unidos mete a más personas en la cárcel que cualquier otro país en el mundo. En total, teníamos más de 2.1 millones de personas encerradas en prisiones estatales y federales en el año 2018. Para ponerlo en perspectiva, quince estados tienen menos población que esa cifra. Muchos fueron encarcelados porque un agente de la policía les encontró drogas ilícitas.

Cuando comenzaba mi carrera profesional, me asignaron a una parte de la oficina del fiscal de distrito del Condado de Alameda conocida como el puente, donde abogados en pequeñas oficinas manejaban casos de drogas por montones. Seguramente había malhechores en esos grupos, muchos traficantes de drogas que vendían a los niños o que los obligaban a venderlas. Pero muchos expedientes contaban otra historia: un hombre arrestado por llevar una pequeña cantidad de droga; una mujer arrestada en la escalera de su entrada por estar "bajo los efectos de las drogas". Incluso por delitos relativamente de poca importancia, estas personas estaban cumpliendo largas sentencias.

La verdad es que algunas comunidades estadounidenses tienen muy pocos empleos y muy malas escuelas y altas tasas de criminalidad y muy pocas probabilidades de que las personas puedan triunfar. Y, en lugares como esos, la adicción a las drogas se propaga como el fuego sin control. Pero la gente se rehúsa a aceptar que la adicción a las drogas es una enfermedad y que la mejor forma de curar una enfermedad es con un buen tratamiento médico. En lugar de eso, nuestro sistema lanza a la cárcel a las personas que están luchando contra una adicción.

Sentada sola en mi nueva oficina, recordé una vez, siendo una joven fiscal, que oí a algunos de mis colegas hablando en el pasillo.

—¿Podemos probar que pertenecía a una pandilla? —preguntó uno de ellos.

—Por favor, tú viste cómo iba vestido, viste en la esquina que lo recogieron. El tipo estaba oyendo esa música que retumbaba del rapero ese, ¿cómo se llama?

Salí al pasillo...

—¡Ey, muchachos! Solo para que sepan, yo tengo familia que vive en ese vecindario. Tengo amigos que se visten de esa forma. Y tengo en mi carro una grabación de ese rapero.

—Reflexioné sobre todo esto, sobre por qué me había postulado, a quiénes había venido a ayudar y en las diferencias entre conseguir una condena y estar convencido de que es merecida. A fin de cuentas, yo sabía que estaba ahí por las víctimas. Tanto por las víctimas de los delitos cometidos como por las víctimas de un sistema defectuoso de justicia penal.

Para mí, un fiscal progresista tiene que entender esas dos ideas al mismo tiempo y actuar para resolverlas. Cuando un niño es víctima de maltrato o una mujer es asesinada por su pareja, los perpetradores, los que cometen los crímenes, tienen que ser castigados. Pero yo también quería llegar a la raíz del problema —¿cuál es el detonante del comportamiento criminal? ¿Podemos marcar una diferencia para mejorar las vidas de las personas con problemas antes de que cometan un delito, de modo que no queden atrapadas en el sistema de justicia para empezar? Yo veía mi función como arrojar luz sobre la desigualdad y la parcialidad que conducen a la injusticia. Reconocer que no todos necesitan un castigo, muchos simplemente necesitan ayuda.

Tocaron a la puerta. Era mi empleada, Debbie.

—¿Está lista? —me preguntó sonriendo.

—Salgo en un minuto —le contesté. Respiré en silencio otro momento. Saqué un bolígrafo y una libreta amarilla de mi portafolios y comencé a hacer una lista.

Acababa de sentarme en mi escritorio cuando mi asistente entró.

—Jefa, hay otra madre afuera.

—Gracias, salgo ahora.

Caminé por el pasillo hasta el vestíbulo para recibirla. Llevaba solo unas semanas en el trabajo, pero no era la primera vez que hacía esta caminata. No era la primera vez que se presentaba una mujer y decía: "Quiero hablar con Kamala. Solo hablaré con Kamala". Yo sabía exactamente por qué ella estaba allí. Era la madre de un niño asesinado.

La mujer casi se desmayó en mis brazos. Estaba afligida y exhausta. Sin embargo, el hecho de estar allí mostraba su fortaleza. Estaba allí por su niño, el niño que había perdido, el joven muerto a balazos en las calles. Habían pasado meses desde la muerte de su hijo, pero el asesino todavía estaba libre. El caso era uno de los más de setenta homicidios sin resolver acumulando polvo en el Departamento de Policía de San Francisco cuando asumí el cargo. Yo había conocido a algunas de estas madres y a otras las conocí durante la campaña. Prácticamente todas eran negras o latinas de vecindarios con altas tasas de criminalidad y todas amaban profundamente a sus hijos. Habían venido juntas para crear un grupo de Madres de víctimas de homicidio. Era una mezcla de grupo de apoyo y organización de defensa. Se apoyaban unas a otras para lidiar con su dolor y se organizaron para obtener justicia para sus hijos.

No estaban seguras de que yo pudiera ayudarlas, pero sabían que, por lo menos, las recibiría; que vería su dolor, su angustia, sus almas que se desangraban. Pero, lo más importante, sabían que las vería como madres amorosas en duelo.

Eso es parte de la tragedia. Cuando la gente oye que una madre ha perdido un hijo a causa del cáncer o de un accidente vehicular o en la guerra, la respuesta natural es la compasión y preocupación colectivas. Pero cuando una mujer pierde a un hijo por causa de la violencia en las calles, la respuesta del público a menudo es diferente, casi como un encogimiento de hombros colectivo, como si fuera de esperarse. No la terrible tragedia de perder a un hijo, sino solo una estadística más. Como si las circunstancias de la muerte de su hijo definieran el valor de su vida. Como si la pérdida que ella ha sufrido fuera menos válida, menos dolorosa, menos merecedora de compasión.

La acompañé hasta mi oficina para que pudiéramos hablar en privado. Me dijo que a su hijo lo habían matado a tiros y nadie había sido arrestado, que a nadie parecía importarle. Me describió el día que tuvo que identificar el cadáver, que no podía borrar esa imagen de su cabeza —él, sin vida, en un lugar tan frío. Me contó que le había dejado mensajes al inspector de homicidios, que le sugirió algunas pistas, pero nunca le respondió. Nada pasó, nada parecía estar pasando, y ella no podía entender por qué. Me agarró la mano y me miró directo a los ojos. "Él importaba", me dijo. "Todavía me importa".

—A mí también me importa —le aseguré. Su vida debería importarnos a todos. Di instrucciones a mi equipo de reunir a todo el escuadrón de inspectores de homicidios en mi sala de conferencias lo más pronto posible. Quería saber qué estaba ocurriendo con todos estos casos.

Los inspectores de homicidios se presentaron sin saber qué esperar. En ese momento, yo no sabía que era raro que el fiscal de distrito los convocara a una reunión. Uno por uno, les pedí que me informaran el estatus de los casos de homicidios sin resolver y los presioné para que me dieran detalles sobre de qué manera iban a ayudarnos a hacerles justicia a estas familias. Les hice preguntas muy incisivas y los presioné fuerte, más fuerte —me enteré después— de lo que ellos esperaban. Esto enfureció a algunas personas, pero era lo correcto, lo que había que hacer, sin importar que nunca antes se había hecho.

Tomaron en serio mi llamado a actuar. En menos de un mes después de la reunión, el departamento de policía lanzó una campaña nueva para intentar animar a los testigos a hablar. Y, con el tiempo, fuimos capaces de reducir los atrasos en los homicidios sin resolver en un 25 por ciento. No todos los casos se podían resolver, pero trabajamos duro para asegurarnos de resolver todos los que se pudiera.

Algunas personas se sorprendieron por mi persistencia. Y

sé que otras cuestionaban cómo era posible que yo, siendo una mujer de raza negra, fuera parte de "la maquinaria" que ponía tras las rejas a jóvenes negros. No hay duda de que el sistema de justicia penal tiene profundas fallas, que es defectuoso en formas fundamentales. Y tenemos que lidiar con eso. Pero no podemos pasar por alto ni ignorar el dolor de esa madre, la muerte de ese niño, el asesino que sigue en las calles. Creo que tiene que haber consecuencias graves para las personas que cometen delitos graves.

Pero, que no quede duda: la situación no es igual —ni debe serlo— cuando se trata de delitos menos graves. Recuerdo la primera vez que visité la cárcel del condado. Tantos jóvenes, la mayoría negros, morenos o pobres. Muchos estaban allí a causa de la adicción a las drogas, la desesperación y la pobreza. Eran padres que echaban de menos a sus hijos. Eran adultos jóvenes, muchos de los cuales habían sido arrastrados a pandillas sin opciones reales en el asunto. Personas cuyas vidas habían sido destruidas, junto con las de sus familias y sus comunidades. Estos eran los rostros de un sistema que encarcela a demasiadas personas por delitos sin violencia. Ellos representaban un monumento viviente al potencial perdido, y yo quería derribarlo.

✴ ✴ ✴

En 1977, en el corazón del vecindario de San Francisco cono-cido como Western Addition, nació mi amiga Lateefah Simon. Ella creció en lo que una vez fue un vecindario de clase media mientras una epidemia comenzaba a arraigarse —una epidemia de personas que se volvían adictas a una droga llamada crack. Ella vio de primera mano que eso estaba arruinando a su comunidad. Cuando Lateefah era una niña pequeña, quería ayudar a las personas, pero cuando creció, se convirtió en una de las tantas que necesitaban ayuda. Terminó en libertad condicional por robar en una tienda, así que no tuvo que ir a la cárcel, pero la supervisaban de cerca para que se mantuviera lejos de los problemas. Dejó la preparatoria.

Entonces, alguien intervino. Lateefah era una adoles-cente que trabajaba ocho horas diarias en Taco Bell, cuando un trabajador comunitario le habló sobre una oportunidad. Se trataba de una organización en San Francisco, el Center for Young Women's Development (Centro para el desarrollo de mujeres jóvenes), que brindaba servicios sociales, incluyendo capacitación laboral, a niñas y jóvenes que estaban en la calle o en problemas. El centro buscaba empleadas para trabajar allí. Lateefah vio un salvavidas y se aferró a él.

Comenzó a trabajar para el centro cuando era adolescente y criaba a su propia hija. En poco tiempo, era imparable. Estaba en todas partes: en reuniones del gobierno local, pidiendo cambios para ayudar a las niñas víctimas de maltrato; en las calles de los vecindarios pobres repartiendo barras de chocolate, junto con información sobre cómo obtener ayuda; y en el mismo centro, trabajando con niñas vulnerables del vecindario. "Vi resiliencia en esas jóvenes", dijo. "Eran personas que no tenían absolutamente nada, pero, de alguna manera, eran capaces de sobrevivir un día, y el siguiente y el siguiente".

Los miembros del consejo del centro quedaron tan impresionados con la dedicación, las habilidades y el liderazgo de Lateefah que le pidieron que se convirtiera en directora ejecutiva con tan solo diecinueve años de edad. Ella aceptó y ahí fue que la conocí.

En la oficina del abogado de la ciudad, yo había trabajado con la misma comunidad de mujeres que trabajaba Lateefah. Yo había celebrado sesiones de "conoce tus derechos" para mujeres vulnerables de toda la ciudad y le pedí a Lateefah que se uniera a nuestros esfuerzos. Yo podía ver que Lateefah era un genio.

Cuando me convertí en fiscal de distrito, a menudo pensaba para mis adentros: "¿Qué habría ocurrido si Lateefah hubiera sido arrestada por drogas y no por robo?" En lugar de libertad condicional, habría terminado en prisión y enfrentado enormes obstáculos después. En los Estados Unidos, liberamos a los convictos a situaciones desesperadas, vanas. Les damos un poco de dinero y un boleto de autobús y los mandamos a seguir su camino con una condena por delito grave en su expediente. Las empresas no quieren contratarlos, así que no tienen forma de ganar dinero. Desde el momento que salen de la prisión, están en riesgo de regresar. Terminan en el mismo vecindario, con la misma gente, en la misma esquina; la única diferencia es que ya cumplieron una sentencia. La prisión tiene su propia fuerza de gravedad, con frecuencia inevitable. De los cientos de miles de prisioneros que son liberados en el país, cerca del 70 por ciento vuelve a cometer un delito en el plazo de tres años.

¿Qué podemos hacer para evitar que reincidan o vuelvan a cometer delitos?

¿Qué tal si de verdad pudiéramos encarrilarlos?

Esa pregunta le dio nombre al programa que mi equipo y yo desarrollamos juntos: *Back on Track*. El eje del programa era mi creencia en el poder de la redención. La redención es un concepto milenario con raíces en muchas religiones. Es un concepto que supone que todos cometeremos errores y que, en algunos, casos, ese error llegará al nivel de delito. Claro que debe haber un castigo; tenemos que ser responsables de nuestras acciones. Pero, después de eso, ¿no es señal de una sociedad civil permitir que las personas recuperen su camino?

Tendríamos que imaginar cómo se veía eso y cómo funcionaría. Muchas de las personas en el programa cometieron delitos porque nunca tuvieron un sistema de apoyo para ayudarlos a navegar por la vida —toda clase de cosas básicas que yo daba por sentadas porque fueron parte de mi crianza. ¿Qué necesitarían las personas para tener una vida buena y cómoda y abstenerse de cometer delitos? Necesitarían buenos empleos. La mayoría de los buenos empleos dependen de la capacitación y la preparación académica, así que también necesitarían eso. Si fueran adictos a las drogas, necesitarían ayuda para dejarlas. Una vez que tuvieran un buen empleo y asistieran habitualmente porque están limpios de drogas, necesitarían asesoramiento para administrar el dinero que ganen de modo que sepan calcular cuánto podrían gastar en alquiler, comida y ropa, y cuánto podrían ahorrar para su futuro.

Si bien su enfoque era compasivo, *Back on Track* también era intenso. Los participantes tenían que declararse culpables primero de los delitos que habían cometido —para este programa, solo trabajábamos con acusados de delitos no violentos— y asumir la responsabilidad por los actos que los habían llevado allí. Prometíamos a los participantes que, si completaban el programan con éxito, se les absolvería de los cargos, lo cual les daba más motivos para esforzarse. Diseñamos un programa encaminado a transformar. Sabíamos lo que estos jóvenes podían alcanzar y queríamos que ellos también lo vieran. Deseábamos que cada participante alcanzara su máximo potencial.

Cuando llegó el momento de identificar a alguien para dirigir el programa, un nombre me vino a la mente de inmediato. Llamé a Lateefah.

Al principio, ella no quería. Nunca se imaginó como la clase de persona que trabajaría para el fiscal de distrito.

—Nunca quise trabajar para el *establishment* —me dijo.

—Bueno, no te preocupes —me reí— No vas a trabajar para el *establishment*. Vas a trabajar para mí.

Lateefah trabajaba duro, igual que los estudiantes de *Back on Track*. Y, una noche que nunca olvidaré, pudimos disfrutar juntos los frutos de ese esfuerzo.

Mi jefe de política, Tim Silard, quien había ayudado a crear *Back on Track*, se unió a Lateefah, a mí y a otras personas de mi oficina después de que el tribunal había cesado operaciones por el día. Nos dirigimos a la sala de espera del jurado. Al entrar, la habitación estaba llena de personas con flores y globos. El ambiente bullicioso y alegre no era típico de una sala de jurados, ni mucho menos. Pero esta no era una noche típica. Caminé hasta el frente del salón para inaugurar la ceremonia de graduación del primer grupo de estudiantes de *Back on Track*.

Un grupo de dieciocho hombres y mujeres entraron por la puerta principal para tomar sus asientos. Con pocas excepciones, esta era la primera vez en sus vidas que usaban una toga. Solo un puñado de ellos alguna vez había tenido la oportunidad de invitar a su familia a un evento que hiciera llorar de felicidad a sus seres queridos. Esta celebración se había ganado con gran esfuerzo y ellos merecían cada minuto. Todos habían obtenido su diploma de preparatoria, habían conseguido empleo, estaban libres de drogas y habían completado servicio comunitario.

A cambio de ese gran esfuerzo y de ese éxito, estábamos allí para cumplir nuestra promesa. Un juez de turno se aseguraría de que los graduandos salieran de allí no solo con un diploma, sino también con sus expedientes limpios.

Back on Track probó su valía en poco tiempo. Después de dos años, solo el 10 por ciento de los graduados de *Back on Track* reincidieron, en comparación con la mitad de otros convictos por delitos similares quienes no pasaron por el programa. Además, era menos costoso. Llevar a juicio un caso de delito grave cuesta el doble y encerrar en la cárcel a alguien durante un año cuesta ocho veces más.

Una de las razones por las cuales me postulé unos años

más tarde para fiscal general de California fue para expandir el programa a todo el estado.

Cada vez que celebrábamos una graduación de *Back on Track* durante mi incumbencia como fiscal de distrito, nos asegurábamos de que los participantes actuales del programa estuvieran ahí para ver lo que podían esperar de su futuro. Y cada vez que hablaba en una de esas ceremonias, les decía a los graduandos lo que yo sabía muy bien: que el programa dependía más de ellos que de nosotros. Ese logro era de ellos y yo quería asegurarme de que ellos lo supieran. Pero quería que supieran también que el programa no se limitaba a ellos.

—Hay personas observándolos —les decía—. Los están observando y, cuando ven su éxito, piensan: "Quizás nosotros también podemos lograrlo. Podemos intentarlo en casa". Eso debe servirles de inspiración, al saber que su éxito aquí algún día creará oportunidades para alguien que nunca han conocido en algún otro lugar del país.

Cuando comencé como fiscal de distrito y saqué la libreta para hacer una lista de cosas por hacer, había muchas cosas que quería hacer, muchas cosas que tenían que hacerse. Quería asegurarme de anotarlo todo. Incluso escribí "pintar las paredes".

Y era en serio. Siempre había pensado que ningún problema es demasiado pequeño como para no solucionarlo. Sé que puede sonar tonto, pero la gente estaba trabajando en oficinas que no se habían pintado en años. Era deprimente para el personal.

Pintar era la parte fácil. Pero el objetivo mayor era restablecer el profesionalismo como el valor máximo, asegurarse de que todos supieran que los talentos y la dedicación eran importantes. Yo sabía que existía un vínculo directo entre darle carácter profesional a la oficina y asegurarse de hacer justicia.

El profesionalismo, como yo lo veo, es en parte sobre lo que ocurre dentro de una oficina. Pero, es también sobre cómo la gente se comporta fuera de la oficina. Cuando capacitaba a los abogados más jóvenes, les decía: "Seamos claros, ustedes representan al pueblo, así que espero que sepan exactamente quién es el pueblo". Les pedía a los integrantes de mi equipo que aprendieran sobre las comunidades donde ellos no vivían, que siguieran las noticias de los vecindarios, que asistieran a los festivales locales y a los foros de la comunidad. "Por el pueblo" significa por ellos. Todos ellos. La justicia misma estaba en juego. Una oficina del fiscal de distrito fraccionada conduce a la injusticia. Los fiscales son seres humanos; cuando no están en su mejor momento, no dan el máximo —y eso pudiera traducirse en que personas que deben estar en prisión salgan libres y personas que deben estar en libertad terminen tras las rejas. Hasta tal punto llega el poder de los fiscales.

Yo había dividido mi lista de cosas por hacer en tres categorías: a corto, mediano y largo plazo. Corto plazo quería decir "en un par de semanas", mediano plazo significaba "en un par de años" y largo plazo era "el tiempo que tome". Así de lejos llegaba el libro mayor donde escribí los problemas más serios que enfrentábamos, los que no puedes esperar resolver solo, durante un período en el cargo, tal vez incluso durante toda una carrera. Ahí es donde está el trabajo más importante. Ahí es donde se ve todo el panorama, no el momento político, sino el histórico. Los problemas medulares del sistema de justicia penal no son nuevos. No se añaden los problemas más graves a la lista porque sean nuevos, sino porque son grandes, porque la gente ha estado luchando contra ellos por décadas, tal vez siglos, y ahora la tarea es tuya. Lo importante es qué tan bien corres el tramo de la carrera que te toca.

Fue mi madre quien me enseñó eso. Crecí rodeada de personas que luchaban por los derechos civiles y la igualdad de la justicia. Pero también lo había visto en su trabajo. Mi madre era una investigadora del cáncer de seno. Al igual que sus colegas, soñaba con el día que encontráramos la cura. Pero en sus tareas cotidianas, se concentraba en el trabajo que tenía ante sí. El trabajo que nos acercaría, día tras día, año tras año, hasta llegar a la meta. "Concéntrate en lo que tienes frente a ti y el resto vendrá por añadidura", decía ella.

Ese es el espíritu que necesitamos para construir una unión más perfecta: darnos cuenta que somos parte de una historia mayor y que somos responsables de cómo se escribe nuestro capítulo. En la batalla por construir un sistema de justicia penal más sabio, justo y eficaz, hay una enorme cantidad de trabajo por hacer. Sabemos cuáles son los problemas. Así que, enrollemos nuestras mangas y comencemos a resolverlos.

Uno de los problemas principales en los que me concentré durante mi primer año en el Senado fue el sistema de fianza —el proceso por el cual alguien puede salir de prisión mientras espera por su juicio después de haber sido acusado por un delito.

En este país, cuando la policía te arresta, eres inocente hasta que se pruebe lo contrario. A menos que seas una amenaza para otras personas o que exista una alta probabilidad de que escapes y no te presentes a tu juicio, no debes esperar tu día en corte sentado en una celda. Esa es la premisa básica del debido proceso: puedes aferrarte a tu libertad hasta que un jurado te condene —te declare culpable— y un juez dicte la sentencia correspondiente, que puede incluir un tiempo en prisión. Por eso la Carta de Derechos prohíbe claramente una fianza excesiva. Así es como se supone que funcione la justicia.

No se supone que funcione como el sistema que tenemos actualmente en los Estados Unidos. La fianza promedio es de $10,000, lo cual equivale a cuatro veces los ahorros que muchos estadounidenses tienen en sus cuentas bancarias. Aproximadamente nueve de cada diez personas que son detenidas no pueden pagar para salir.

Por su propio diseño, el sistema de fianza en efectivo favorece al rico y castiga al pobre. Si puedes pagar al contado, te puedes ir y, cuando termine tu juicio, te devuelven todo tu dinero. Si no puedes pagarlo, tienes que sufrir en la cárcel. La única otra opción es que un agente de fianzas pague tu fianza, pero estos cobran unas comisiones excesivas que nunca recuperarás.

Cuando era fiscal de distrito, sabía que cada día había familias que salían del tribunal, cruzaban la calle y entraban en las oficinas de las compañías de fianzas, haciendo cuanto estuviera en sus manos para obtener el dinero en efectivo para pagar las cuotas de los agentes de fianzas —vendían sus propiedades, conseguían préstamos con sus respectivas tarifas onerosas, pedían ayuda a sus amigos o en la iglesia. Supe también de personas que probablemente habrían ganado sus casos y en su lugar se declaraban culpables bajo la presión de pasar tiempo en la cárcel. Por lo menos, si se declaraban culpables, podían salir de la cárcel y volver a sus trabajos o a sus casas con sus hijos.

The New York Times Magazine presentó la historia de una madre soltera en apuros que pasó dos semanas en la gigantesca cárcel de Rikers Island, en New York City, arrestada y acusada de poner en peligro el bienestar de un niño porque dejó a su bebé con una amiga en un refugio mientras iba a Target a comprar pañales. Esta joven no pudo pagar su fianza de $1,500 y, para cuando fue puesta en libertad, su hijo ya estaba en un hogar de acogida. En otro caso, el joven de 16 años Kalief Browder fue arrestado en New York, acusado de haberse robado una mochila. Cuando su familia no pudo juntar los $3,000 para la fianza, Kalief fue a prisión a esperar su juicio. Pero terminó pasando los siguientes tres años en una interminable espera, gran parte de esta en aislamiento, confinado a una celda incomunicada, prácticamente sin contacto con otras personas, sin haber sido juzgado ni condenado por nada. Fue una historia trágica de principio a fin: en 2015, poco después de ser finalmente liberado de prisión, Kalief se suicidó.

El sistema de justicia penal castiga a las personas por su pobreza. ¿Dónde está la justicia en eso? ¿Y qué sentido tiene? ¿De qué manera mejora eso la seguridad pública? Entre el año

2000 y 2014, el 95 por ciento del crecimiento en la población penal respondía a personas esperando juicio. Este es un grupo de acusados en su mayoría no violentos cuya culpabilidad no ha sido demostrada y estamos gastando $38 millones cada día por mantenerlos en prisión mientras esperan su día en corte. La decisión de que alguien salga de prisión bajo fianza no se debe basar en cuánto dinero tiene en el banco. Ni en el color de su piel: los hombres negros pagan una fianza 35 por ciento más alta que los hombres blancos acusados por el mismo delito. Los hombres latinos pagan cerca de un 20 por ciento más que los hombres blancos. Esto no es una coincidencia. Está enraizado en el sistema. Y tenemos que cambiarlo.

En el 2017, presenté un proyecto de ley en el Senado para alentar a los estados a reemplazar sus sistemas de fianzas. Si alguien representa una amenaza pública, debemos mantenerlo en la cárcel. Si alguien tiene probabilidad de huir, debemos mantenerlo en la cárcel. De lo contrario, no debemos hacer un negocio de cobrar a la gente a cambio de su libertad.

Tenemos también que dejar de encarcelar a las personas adictas a las drogas en lugar de ayudarlas. Es hora de que todos aceptemos que la adicción es una enfermedad, que puede sembrar el caos en la vida de las personas en formas que no queremos y nunca planeamos. Es hora de reconocer que la adicción daña a todos los que toca, sin importar el color de su piel o el tamaño de su cuenta bancaria. La adicción no discrimina y nuestras leyes tampoco deberían hacerlo. Cuando alguien sufre de una adicción, su situación se empeora, no mejora, al involucrar al sistema de justicia penal. Lo que necesitan es tratamiento y debemos luchar para que el sistema lo proporcione.

Incluso cuando una persona haya cometido delitos que requieran cárcel, eso no quiere decir que no haya hecho nunca nada bueno o que no merezca una segunda oportunidad. Sin embargo, los jueces a menudo tienen que seguir unas guías rigurosas y estrictas al dictar sentencia a una persona convicta por un delito, guías que, con frecuencia, son discriminatorias contra las personas de color.

Afortunadamente, hemos comenzado a ver algún progreso: Una década después del lanzamiento de *Back on Track*, alrededor de 33 estados han adoptado nuevas políticas correccionales y sobre sentencias dirigidas a ofrecer alternativas a la prisión y reducir la reincidencia o probabilidad de que la persona cometa nuevos delitos y vuelva a terminar en la cárcel. Y desde el 2010, 23 estados han reducido sus poblaciones penales. Pero todavía queda mucho trabajo por hacer para garantizar que el castigo corresponda al delito cometido.

Además, tenemos que atender lo que ocurre detrás de las

rejas. Las mujeres son actualmente el segmento de más rápido crecimiento en nuestras poblaciones encarceladas. La mayoría de ellas son madres y una amplia mayoría ha sido víctima de violencia. Muchas sufren aún los efectos. Muchas están encarceladas en instalaciones que no favorecen su higiene y su salud. En este preciso momento, alguna mujer embarazada está engrilletada. En algunos estados, dan a luz con los grilletes puestos. He visitado mujeres en prisión, he oído historias de los riesgos de violencia que enfrentan cuando son supervisadas por guardias varones en el baño o la ducha. En el 2017, me sentí orgullosa de copatrocinar un proyecto de ley para atender algunos de estos problemas. Esto es algo de lo que casi nunca se habla en este país —y tenemos que hacerlo.

A corto plazo, uno de los retos más urgentes es luchar contra la presente administración, la cual está haciendo añicos el progreso sustancial que hemos logrado en los años recientes en el sistema de justicia penal. No podemos retroceder en estos asuntos justo ahora que comenzamos a arañar la superficie del progreso. Tenemos que actuar con una urgencia feroz. La justicia lo exige.

Una de las cosas que tenemos que hacer es oponer resistencia a los prejuicios en nuestro sistema de justicia penal. Y ese esfuerzo comienza por dejar claro que las vidas de los negros importan y decir la verdad sobre lo que eso significa. Los hechos son evidentes: En todas partes del país, cuando un policía detiene a un conductor negro, es tres veces más probable que registre el automóvil que si el conductor fuera blanco. Los hombres negros y blancos consumen drogas en la misma medida, pero la probabilidad de que sean arrestados es el doble para los negros. Los negros tienen seis veces más probabilidades de ser encarcelados que los blancos. Y, al resultar convictos, las sentencias a los hombres negros son cerca del 20 por ciento más largas que las sentencias a los hombres blancos que cometieron los mismos delitos. Los hombres latinos no salen mejor parados. Es realmente terrible.

Una cosa es decir que las vidas de los negros importan, pero necesitamos aceptar las duras verdades acerca del racismo tan extendido que ha permitido que esto ocurra. Y tenemos que transformar ese entendimiento en políticas y prácticas que puedan realmente cambiarlo.

Una manera crucial de hacerlo es confrontar el prejuicio implícito, los atajos inconscientes que toman nuestros cerebros para ayudarnos a juzgar a la ligera, a primera vista, a un extraño. Cuando era fiscal general, me comprometí a capacitar a nuestros agentes en los prejuicios implícitos. Sobre todo, los oficiales en primera línea todo el tiempo tienen que tomar decisiones en un instante, cuando un prejuicio implícito puede tener consecuencias fatales.

Era un tema duro de abordar. Los altos líderes con quienes trabajaba habían dedicado sus vidas y prestado juramento para hacer cumplir la ley. No era fácil tener que aceptar la idea de que los hombres y mujeres de su oficina tenían prejuicios, que eso afectaba a la comunidad y que tenían que recibir capacitación para lidiar con ello. Pero fue una conversación franca y, al final, los líderes no solo aceptaron que era importante, sino que accedieron también a crear, dar forma y dirigir la capacitación.

Mi equipo se puso manos a la obra y se creó el primer curso estatal que se ofrecía en todo el país sobre prejuicios implícitos y justicia procesal.

Ninguno de nosotros confiaba ingenuamente en lo que podía lograr nuestro curso. Sabíamos que un esfuerzo así, solo, no eliminaría los prejuicios del sistema. Y sabíamos, sin lugar a dudas, que el sistema estaba infectado por los prejuicios explícitos también. El racismo es real en Estados Unidos y los departamentos de policía no son inmunes. Al mismo tiempo, sabíamos que un mejor entrenamiento podría marcar una diferencia real, que para la mayoría de los miembros de las agencias de ley y orden entender mejor sus propios prejuicios implícitos podría ser importante. Sabíamos que las conversaciones fuertes en el curso de capacitación serían las que no se olvidarían, la clase de lección que llevarían con ellos a las calles.

Tenemos que hablar de otra verdad: la brutalidad policíaca —el uso excesivo de la fuerza por parte de la policía— ocurre en los Estados Unidos y tenemos que arrancarla de raíz dondequiera que la encontremos. Lo que antes era bien conocido solo entre determinadas comunidades ahora lo ve el mundo entero, gracias a los teléfonos inteligentes que capturan algunos de estos sucesos. Ya la gente no puede fingir que no ocurre. No se puede ignorar o negar cuando vemos en un video que Walter Scott, desarmado, es baleado por la espalda cuando huía corriendo de un policía. No podemos ignorar los desgarradores gritos de la novia de Philando Castile después que un policía le dispara siete veces mientras este intentaba buscar su licencia de conducir —todo con la hija de cuatro años de ella en el asiento trasero. "Está bien, mamita... está bien. Yo estoy aquí contigo", le dijo la niñita en un doloroso intento por consolarla. No podemos olvidar las palabras desesperadas de Eric Garner —"No puedo respirar"— mientras un policía lo estrangulaba durante un arresto por vender cigarrillos.

Y debemos recordar que tragedias como estas se repiten una y otra vez, la mayoría sin ser grabadas y vistas. Si las personas tienen miedo de que la policía que patrulla sus calles pueda matarlas, golpearlas y acosarlas, ¿podemos decir verdaderamente que vivimos en una sociedad libre?

Y, ¿qué dice sobre nuestros estándares de justicia el hecho de que los oficiales de policía raras veces rinden cuentas por estos incidentes? El oficial de Minnesota que le disparó a Philando Castile fue llevado a juicio y salió absuelto —no culpable. En Ohio, un policía se subió al capó de un carro después de una persecución y disparó 49 veces hacia dentro a Timothy Russell y Malissa Williams estando ambos desarmados. El oficial fue acusado —y absuelto. En Pennsylvania, un policía le disparó a un conductor desarmado por la espalda mientras yacía boca acabo en la nieve. Pero él también fue absuelto de homicidio.

Si no existen castigos severos por la brutalidad policíaca en nuestro sistema de justicia, ¿qué clase de mensaje se está enviando a los oficiales de la policía? Y ¿qué clase de mensaje se envía a la comunidad? La seguridad pública depende de la confianza del pueblo. Depende de las personas que confían en ser tratadas de forma justa y transparente. Depende de la decencia básica que exige nuestra Constitución.

Pero cuando las personas de raza negra o piel morena tienen más probabilidades de ser detenidos, arrestados y condenados que los blancos; cuando los departamentos de policía están armados como batallones del ejército; cuando hay un uso excesivo de la fuerza letal, ¿acaso es de extrañar que la gente haya dejado de confiar en estas instituciones públicas?

Digo esto como alguien que ha pasado la mayor parte de su vida profesional trabajando con las agencias del orden público. Lo digo como alguien que siente un gran respeto por los oficiales de la policía. Sé que la mayoría de los agentes merecen estar orgullosos de su servicio público y ser elogiados por la forma en que realizan su labor. Sé lo difícil y peligroso que es el trabajo, día tras día, y sé lo duro que es para las familias de estos servidores públicos quienes se preguntan si sus seres queridos volverán a casa al finalizar su turno. He asistido a demasiados funerales de oficiales que han muerto en el cumplimiento del deber. Pero también sé lo siguiente: es un falso dilema sugerir que debemos elegir entre la policía o la política pública correcta. Estoy a favor de ambas cosas. La mayoría de las personas que conozco están a favor de ambas. Digamos la verdad también sobre eso.

No nos engañemos: tenemos que encargarnos de este y de todos los aspectos de nuestro fracturado sistema de justicia penal. Tenemos que prestar atención a los activistas que exigen justicia. Tenemos que cambiar nuestras leyes y nuestros estándares. Y tenemos que elegir a las personas cuya misión es hacer esto realidad.

Así que, vamos a contratar más progresistas en las oficinas de los fiscales, donde comienzan muchos de los mayores problemas y de las mejores soluciones. Los fiscales están entre los actores con mayor poder en nuestro sistema de justicia. Tienen el poder de poner tras las rejas a los delincuentes, pero también tienen la opción de desestimar casos en los cuales la policía se excedió en el uso de la fuerza o llevó a cabo un registro o allanamiento inapropiado. Necesitamos personas provenientes de todas las clases sociales y de diversos orígenes y experiencias para que se sienten a la mesa y usen esa clase de poder.

Además, necesitamos mantener la presión desde afuera de las fiscalías, donde las organizaciones y las personas pueden crear un cambio significativo. Cuando yo era fiscal general, me aseguré de que nuestra agencia estatal de ley y orden fuera la primera en exigir que sus agentes llevaran cámaras en sus cuerpos. Esta política grabaría todas las interacciones que los agentes tuvieran con el público, de modo que veríamos si había habido uso excesivo de la fuerza. Lo hice porque era lo correcto. Pero pude hacerlo porque los manifestantes habían presionado intensamente. El movimiento *Black Lives Matter* (Las vidas negras importan), que incluye organizaciones y activistas que se oponen a la violencia policíaca y exigen justicia, creó un ambiente exterior que ayudó a darme el espacio para poder actuar adentro. Con frecuencia, esa es la forma como ocurren los cambios. Y yo le doy crédito por esas reformas al movimiento del mismo modo que a cualquier persona en mi oficina, incluyéndome.

La lucha por los derechos civiles y la justicia social no es para los pusilánimes. Es tan difícil como importante y los triunfos nunca son tan dulces como amargas las derrotas. Pero hay una larga fila de personas que se rehúsan a darse por vencidas. Y cuando nos sintamos frustrados y desanimados por los obstáculos en nuestro camino, recordemos las palabras de Constance Baker Motley, una de mis inspiraciones como la primera mujer afroamericana nombrada juez federal. "La falta de apoyo nunca me desalentó", escribió. "En realidad, creo que el efecto era justamente lo contrario. Yo era de las personas que no se dejaba vencer".

CON EL AGUA AL CUELLO

Mi madre estaba sumamente orgullosa de nuestra casa. Siempre estaba lista para recibir visitas, con flores recién cortadas. Las paredes estaban decoradas con grandes pósteres de obras de arte del Studio Museum en Harlem, donde trabajaba mi tío Freddy. Había estatuas de los viajes de mi madre a India, África y otras partes. Ella se preocupaba mucho por hacer de nuestro apartamento un hogar y este siempre se sentía cálido y completo. Pero yo sabía que mi madre siempre había querido algo más.

Cuando hablamos de vivienda, la mayoría de las personas alquilan o compran una casa. Nosotros fuimos arrendatarios la mayor parte de mi niñez. La casa era propiedad de otra persona y nosotros pagábamos todos los meses por vivir allí. Las casas son costosas, así que, para comprar una, la familia probablemente tiene que pedir dinero prestado al banco. Este préstamo se conoce como una hipoteca. En lugar de pagar la renta o el alquiler a un propietario, la mayoría de los dueños de casa pagan una porción del préstamo cada mes.

Mi madre siempre quiso tener su propia casa.

Era la primera en señalar que era una sabia inversión. Pero era mucho más que eso. Se trataba de alcanzar su propio pedazo del sueño americano.

Mi madre deseaba comprar su primera casa cuando Maya y yo todavía éramos jóvenes, un lugar para crecer con un sentido de permanencia. Pero pasarían muchos años antes de que ella pudiera ahorrar dinero suficiente para dar el enganche o pago inicial, una cantidad grande de dinero que se paga por la casa junto con el préstamo que se obtiene del banco.

Yo estaba en la preparatoria cuando ocurrió. Maya y yo acabábamos de volver de la escuela cuando ella nos mostró las fotos —una casa de un nivel, color gris oscuro, con tejas en el techo, un hermoso césped al frente y espacio en el lado para una barbacoa. Ella estaba tan emocionada de mostrárnosla y nosotros de verla —no solo porque significaba que volveríamos a Oakland, sino por la inmensa alegría que veíamos en su rostro. Ella se lo había ganado, literalmente. "¡Esta es nuestra casa!" le decía yo a mis amigos, mostrando con orgullo las fotos. Ese sería nuestro pedazo del mundo.

Ese recuerdo estaba en mi mente cuando viajé a Fresno,

California, en el 2010, en medio de la devastadora crisis en la cual tanta gente vio destruido su propio pedazo del mundo —perdieron sus hogares porque ya no podían pagar sus hipotecas.

Fresno es la ciudad más grande del Valle de San Joaquín, en California, un área que ha sido descrita como el "Jardín del Sol". El Valle de San Joaquín produce una gran cantidad de las frutas y verduras que comemos. En medio de los acres de almendros y viñedos llenos de uvas, viven cuatro millones de personas, una población similar al tamaño de Connecticut.

Muchas familias de clase media pensaron que una vida en Fresno era lo más cercano al sueño americano. Era un lugar prometedor, donde podían adquirir una verdadera residencia unifamiliar en una calle bonita y tranquila, con una buena escuela cerca para sus hijos.

Los nuevos desarrollos en las afueras de la ciudad, que no estaban en las grandes ciudades, pero tampoco en el campo, parecían proliferar cada mes, echando raíces en terreno fértil como si fueran un cultivo más.

Hace alrededor de dos décadas, los bancos comenzaron a otorgar muchos préstamos hipotecarios en lugares como Fresno. La idea de conceder a más personas la oportunidad de tener su propio hogar sonaba bien, pero tenía también su lado oscuro.

Digamos que una casa cuesta $200,000. El deudor tiene

que pagar ese préstamo más los intereses, una pequeña porción del préstamo, encima del préstamo como tal. El interés es como pagar por el privilegio de tener acceso a esa cantidad de dinero. Todo funciona bien si las personas tienen un empleo estable y pueden pagar el dinero o cuando la tasa de interés se mantiene más o menos igual durante la vida del préstamo. Pero, cuando la compra de vivienda en lugares como Fresno se disparó, los banqueros no se apegaron a esas normas.

Los prestamistas en los bancos se volvieron cada vez más agresivos, atrayendo a los clientes con fascinantes ofertas de préstamo que lo hacía ver muy fácil. Los bancos ofrecían préstamos a personas que no tenían posibilidades de pagar, personas sin empleo o con empleos que pagaban muy poco. Y, si las ofertas de los bancos parecían demasiado buenas para ser verdad, es porque esa era la realidad. Los préstamos comenzaban con una tasa de interés baja, pero, después de algunos meses de pagos realmente bajos, las tasas de intereses se elevaban tanto que las personas no podían pagarlas. Estos se conocían como préstamos de alto riesgo o hipotecas con tasa ajustable. Las personas recibían por correo una factura por una cantidad que sencillamente no podían pagar. En muchos de estos casos, el banco ejecutaba la hipoteca y embargaba la casa —literalmente les quitaban las casas a las personas.

Esto no ocurría únicamente en Fresno. Ocurrió en todo el país, a millones de familias estadounidenses. Pero, ¿por qué? ¿Por qué los bancos prestarían dinero a personas que no podían pagarlo? Existen muchas razones. En primer lugar, si el préstamo se malogra, cuando menos, el banco sería el propietario de la casa a través de la ejecución de la hipoteca. Pero, la verdadera razón tiene un origen mucho más profundo en nuestro complejo sistema financiero, del cual los acreedores hipotecarios son solo una pieza. Mucha gente poderosa manipula las normas y fabrican elaboradas artimañas para ganarles dinero a estos préstamos malos. Aun cuando la mayoría de los estadounidenses no se daba cuenta, toda nuestra economía había crecido dependiendo de estos fraudes. Pero era como construir un edificio de bloques encima de un globo y, cuando el globo explotó, toda la economía se derrumbó y terminamos con la Gran Recesión.

Esto ocurrió en todas partes de los Estados Unidos. Miren la historia de Karina y Juan Santillan, quienes compraron una casa a veinte millas de distancia de Los Ángeles en 1999. Después de varios años, los persuadieron para que tomaran una hipoteca con tasa ajustable sobre su casa. En ese momento, su pago mensual era de $1,200. Para el año 2009, este había aumentado a $3,000 —y Karina había perdido su empleo.

De repente, en riesgo de perder su casa, se comunicaron con una compañía que les prometió protegerlos. Después de pagar $6,800 por servicios que se suponían iban a ayudarlos, se dieron cuenta de que habían sido víctimas de un fraude. Diez años después de haber comprado su casa, se vieron obligados a decirles a sus cuatro hijos que tendrían que irse.

Este patrón se repitió con fuerza particularmente en Fresno y Stockton. Los líderes locales le rogaron al gobierno federal que declarara la región zona de desastre, como se hace después de una inundación o un huracán, y enviara ayuda. "Zona de desastre" era una descripción apropiada: vecindarios completos fueron abandonados y la zona sufrió una de las tasas más altas de ejecuciones hipotecarias en el país. A algunas familias se les hacía tan difícil pagar sus hipotecas que abruptamente recogían sus cosas y se marchaban. Se informó de casos de mascotas abandonadas porque sus dueños ya no podían mantenerlas. Cuando visité Fresno, me dijeron que habían visto manadas de perros abandonados deambulando. Me sentí como si estuviera caminando por un lugar que acababa de ser azotado por un desastre natural. Pero este desastre fue causado por el hombre.

Cuando la crisis finalmente tocó fondo, 8.4 millones de estadounidenses habían perdido sus empleos. Aproximadamente 5 millones de dueños de casas tenían por lo menos dos meses de atraso en el pago de sus hipotecas y había comenzado el procedimiento de ejecución hipotecaria de 2.5 millones de hogares.

Pero una ejecución hipotecaria no es una estadística más.

Una ejecución hipotecaria es un padre sufriendo en silencio, sabiendo que tiene problemas, pero demasiado avergonzado como para decirle a su familia que les ha fallado. Una ejecución hipotecaria es una madre rogándole al banco por teléfono que le dé más tiempo, solo hasta que termine el año escolar. Una ejecución hipotecaria es el alguacil tocándote a la puerta y ordenándote que salgas de tu hogar. Es una abuela en la acera ahogada en llanto al ver a unos extraños sacando de su casa las pertenencias de toda su vida para dejarlas expuestas en el patio. Es enterarte por un vecino que tu casa acaba de ser subastada en las escalinatas del ayuntamiento. Es el cambio de cerraduras, la muerte de los sueños. Es un niño que ve por primera vez que los padres también pueden sentir miedo.

Los dueños de casa me han contado innumerables historias de desastres personales. Y, a medida que los meses se hacían interminables, nos enterábamos de algunas prácticas dudosas en el procedimiento de ejecución hipotecaria. Historias de dueños de casa cuyos bancos no encontraban los documentos de sus hipotecas; historias de personas que descubrían que realmente debían decenas de miles de dólares menos de lo que les decía el banco. A un hombre en Florida le incautaron su casa y la pusieron en venta, aun cuando él la había comprado con dinero en efectivo y nunca había tenido una hipoteca.

Hubo casos de bancos que ejecutaron hipotecas incluso después de haber negociado con los propietarios nuevos planes de pago ajustados. Los bancos dejaron a los dueños de casa sin explicación, sin punto de contacto y sin opciones.

Era evidente que algo había salido mal. Pero no fue hasta finales de septiembre del 2010 que una parte importante del escándalo salió a la luz pública. Fue entonces que nos enteramos de que los bancos más grandes del país —incluyendo Bank of America, JPMorgan Chase y Wells Fargo— habían estado ejecutando hipotecas de los hogares ilegalmente desde el 2007, usando una práctica conocida como "*robo-signing*" o embargos exprés.

Supimos que, para acelerar el procedimiento de ejecución hipotecaria, las instituciones financieras contrataban "expertos en ejecuciones" que de expertos no tenían nada. Con frecuencia, eran personas sin ninguna capacitación financiera —desde empleados de piso de Walmart hasta peluqueros— que colocaban en puestos con una sola responsabilidad: firmar miles de ejecuciones hipotecarias.

Estos "empleados autómatas" admitieron que realmente

no entendían los documentos que tenían que aprobar, pero les pagaban por hacerlo. Su trabajo consistía simplemente en firmar con su nombre o falsificar el de otra persona. Les pagaban $10 por hora. Y recibían bonos por volumen —mientras más ejecuciones hipotecarias firmaban, más dinero ganaban. A los bancos que tramaron estas intrigas no les importaba que estaban violando la ley y haciendo daño a la gente.

El 13 de octubre de 2010, los fiscales de los cincuenta estados acordaron reunirse para una investigación interestatal. Se proclamó como un abarcador esfuerzo de las autoridades a nivel nacional para descubrir las actuaciones de los bancos durante la crisis de las ejecuciones hipotecarias.

Yo estaba ansiosa por unirme a la lucha, pero había un pequeño problema: yo todavía no era fiscal general de California.

Yo estaba en medio de mi campaña para ese puesto cuando se anunció la investigación y todavía faltaban tres semanas para los comicios. Las encuestas predecían una elección muy reñida.

La noche de las elecciones de 2010, perdí la candidatura para fiscal general. Tres semanas después, gané.

Comencé la noche con lo que se había convertido en un

ritual: una cena entre familiares y amistades, seguida por la fiesta de la noche de las elecciones. Llegamos cuando empezaban a conocerse por cuentagotas los resultados de todas partes del estado. En el salón principal, se habían reunido los seguidores para esperar los resultados. Detrás de estos, los trípodes de las cámaras de televisión y los reporteros de frente al escenario. Entramos por la parte de atrás a un salón lateral, donde estaba reunido mi equipo. Habían acomodado cuatro mesas formando un cuadrado y la mayoría de ellos estaban allí sentados, mirando fijamente sus computadoras portátiles, actualizando constantemente los sitios web para llevar cuenta de los votos. Los saludé a todos de buen ánimo y les agradecí por todos sus esfuerzos.

Ace Smith, mi principal estratega, me llevó aparte.

—¿Cómo se ven las cosas? —le pregunté.

—Va a ser una noche muy larga —me respondió Ace. Mi contrincante estaba en la delantera.

Siempre había sabido que no podía dar nada por sentado. Incluso muchos de los compañeros demócratas me veían pocas posibilidades y algunos de ellos lo habían dicho abiertamente. Un estratega político de la vieja guardia anunció ante un público que no había manera de que yo pudiera ganar porque era "una mujer candidata a fiscal general, una mujer que pertenece a una minoría, una mujer de una minoría que está en contra de la pena de muerte, una mujer de una minoría que está contra la pena de muerte y que es fiscal de distrito del extravagante San Francisco". Es muy difícil romper con los viejos estereotipos. Yo estaba convencida de que mi perspectiva y experiencia me convertían en la candidata más fuerte en la contienda, pero no sabía si los electores estarían de acuerdo con eso. En las últimas semanas, pasé tanto tiempo tocando madera —y tocando a las puertas de los votantes— que tenía los nudillos lastimados.

A las 10 de la noche, todavía estábamos lejos de conocer el resultado de la elección. Yo estaba atrás, pero sabíamos que faltaban muchos colegios de votación por informar sus resultados. Ace sugirió que saliera y me dirigiera a los presentes.

—Las cámaras de televisión no se van a quedar mucho más tiempo, así que, si tiene un mensaje para sus seguidores esta noche, creo que debe hacerlo ahora —me sugirió, y me pareció una buena idea.

Salí de la sala del personal, me detuve unos minutos para pensar qué iba a decir, me arreglé la chaqueta y entré al salón principal y al escenario. Le dije al público que iba a ser una noche larga, pero que sería buena. Les aseguré que mi contrincante estaba perdiendo terreno a cada minuto. Les recordé que nuestra campaña se trataba de los principios que defendíamos.

—Esta campaña es mucho más grande que yo. Es mucho más grande que cualquier otra persona.

En un momento dado durante mi mensaje, me percaté de un cambio en el salón. El público parecía ponerse sentimental. Estaba terminando mis comentarios, cuando vi acercarse a Debbie Mesloh, mi asesora en comunicaciones de mucho tiempo. Me gesticuló con los labios: "Baje del escenario y vaya al salón privado, ahora". Eso no era nada alentador. Terminé de hablar y me dirigía hacia Debbie cuando me detuvo una reportera y su camarógrafo.

—¿Qué cree que ocurrió? —me preguntó, poniéndome el micrófono en la cara.

—Creo que tuvimos una excelente campaña y que va a ser una larga noche —le respondí.

La reportera parecía confundida, y yo también. Mientras más preguntas me hacía, era más palpable que no nos estábamos entendiendo. Era obvio que algo había pasado y yo no me había enterado. Cuando finalmente volví a la sala del personal, me enteré de la situación. Mientras estaba en el escenario hablando de lo que teníamos por delante, el periódico *San Francisco Chronicle* le había adjudicado la victoria a mi oponente. ¡No en balde la gente estaba llorando! Yo era la única persona allí que pensaba que todavía teníamos oportunidad de ganar.

Que el periódico de nuestra ciudad diera por sentada nuestra derrota se sentía como un golpe bajo. El ánimo estaba por los suelos cuando mi equipo y yo nos reunimos en el salón privado. Después de tantos meses de arduo trabajo, la agitación estaba dando paso al agotamiento. Miré alrededor los hombros caídos y las expresiones afligidas. No podía soportar la idea de enviar a casa a nuestros voluntarios sintiéndose así.

Ace me dijo:

—Estoy viendo los números y muchas de nuestras áreas más fuertes todavía no han reportado resultados. Ellos adjudicaron la elección demasiado pronto. Todavía tenemos oportunidad.

Yo sabía que él no podía predecir el futuro, pero Ace no era el tipo de persona que decía mentiras piadosas. Él conocía cada precinto, cada lugar de votación en California quizás mejor que nadie en el estado. Si él pensaba que todavía teníamos posibilidades, yo le creía. Les dije a mis seguidores que no nos dábamos por vencidos.

Mi contrincante tenía otro punto de vista. Alrededor de las 11 de la noche, se paró frente a las cámaras y dio un mensaje en Los Ángeles para declarar la victoria. Nosotros, esperamos y esperamos, obteniendo actualizaciones regularmente del campo y tratando de animarnos unos a otros.

A eso de la una de la madrugada, me incliné hacia Derreck, mi amigo de la infancia, quien era dueño de un restaurante de pollo y *waffles* en Oakland.

—¿Tu cocina está abierta todavía?

—No te preocupes, yo me encargo.

En efecto, en poco tiempo, el salón se llenaba con el exquisito aroma de pollo frito, pan de maíz, verduras y batata caramelizada. Todos nos reunimos alrededor de las bandejas de aluminio y comimos. Alrededor de una hora después, con el 89 por ciento de los precintos contados, estábamos empatados.

Finalmente, le dije a Maya:

—Estoy exhausta. ¿Crees que alguien tenga problemas con que me vaya?

—Todos estarán bien —me aseguró—. Están esperando que te vayas para poder irse también ellos.

A la mañana siguiente, me enteré de que habían entrado más votos y ahora yo estaba al frente de la contienda, aunque solo por unos cuantos miles de votos. Faltaban por contar todavía dos millones de votos, por lo cual probablemente los resultados no se conocerían durante semanas. Así que enviamos grupos a supervisar el conteo de votos y esperamos.

Nos dimos cuenta de que, con toda probabilidad, no iba a ocurrir nada durante el fin de semana de Acción de Gracias, así que enviamos a todos a casa para compartir con sus familias. Temprano en la mañana del miércoles, me dirigía al aeropuerto para tomar un vuelo a Nueva York. Iba a pasar el día feriado con Maya, mi cuñado, Tony, y mi sobrina, Meena.

Cuando mi taxi iba saliendo de la autopista, recibí un mensaje de texto de un fiscal de distrito que había apoyado a mi oponente. Decía: "Espero poder trabajar con usted". De nuevo, alguien tenía más información que yo. ¿Acaso había ocurrido algo más con el recuento? Cuando subí al avión y me acomodé en el asiento, me di cuenta que tenía una llamada perdida que había entrado mientras pasaba por la seguridad del aeropuerto. Tenía un mensaje de voz de mi oponente pidiéndome que lo llamara. Marqué su número mientras se cerraban las puertas de la cabina y los asistentes de vuelo indicaban a los pasajeros que guardaran sus celulares.

—Quería que supiera que voy a reconocer la derrota —me dijo.

¡Yo no podía creerlo! Él había visto los números y se había dado cuenta de que ya no tenía posibilidades de ganarme. Yo iba a ser la Fiscal General de California.

—Su campaña fue excelente —le dije.

—Espero que sepa que este va a ser un trabajo muy grande —añadió.

—Que tenga un hermoso Día de Acción de Gracias junto a su familia —le respondí.

Y eso fue todo. De cerca de nueve millones de boletas de votación en todo el estado, gané por el equivalente de tres votos por precinto. Me sentía aliviada, emocionada y lista para comenzar. Deseaba llamar a todos, pero cuando me di cuenta ya estábamos recorriendo la pista a toda velocidad y despegando —sin Wi-Fi. Mi noche de elecciones que duró 21 días finalmente había terminado y no podía hacer otra cosa que quedarme allí sentada. Sola con mis pensamientos, durante cinco horas.

Debido al tiempo que tomó el conteo, apenas tuvimos un mes para asimilar la victoria antes de la juramentación. Además de las elecciones, yo todavía estaba asimilando el dolor por la muerte de mi madre. Ella había fallecido dos años antes, en febrero de 2009, cuando apenas comenzaba la larga y reñida campaña. Perderla fue devastador. Yo sabía lo que mi triunfo habría significado para ella. Cuánto deseaba que ella estuviera a mi lado para verlo y celebrar conmigo.

El 3 de enero de 2011, bajé las escaleras del Museo de California de las mujeres, la historia y las artes, en Sacramento, para saludar al público que abarrotaba la sala. Las banderas ondeaban, había dignatarios y observadores asomados al balcón. Maya sostenía la Biblia de la Sra. Shelton mientras yo prestaba juramento al cargo. Pero mi mayor recuerdo es que tenía miedo de no poder pronunciar el nombre de mi madre sin echarme a llorar. Ensayé una y otra vez y siempre me ahogaba el llanto. Pero para mí era importante que se dijera su nombre en aquel salón porque nada de lo que yo había logrado hubiera sido posible sin ella.

—Hoy, con este juramento ratificamos que cada californiano es importante —le dije a la multitud.

Era un principio que sería puesto a prueba en las siguientes semanas. Más tarde ese mes, 37,000 dueños de casas hicieron fila en Los Ángeles para rogar a los bancos que modificaran sus hipotecas para poder quedarse en sus hogares.

Mi primer día en el cargo, me reuní con mi equipo senior y les dije que teníamos que unirnos de inmediato a la investigación interestatal de los bancos. Dentro de la oficina, nos preparábamos para la batalla. Fuera de la oficina, recordábamos constantemente por quién luchábamos. En cada actividad pública que realizábamos, había siempre un grupo de personas

—algunas veces cinco, diez o veinte— quienes habían venido con la esperanza de verme y pedirme ayuda, frente a frente. La mayoría traía consigo sus papeles —carpetas y sobres atestados de documentos hipotecarios y avisos de ejecución y notas escritas a manos. Algunos habían manejado cientos de millas para encontrarme.

Nunca olvidaré a la mujer que interrumpió una pequeña charla sobre cuidado de la salud en Stanford. Se paró en medio del público, con el rostro bañado en lágrimas, la desesperación en su voz: "Necesito ayuda. Tiene que ayudarme. Necesito que llame al banco y les diga que dejen que me quede en mi hogar. Por favor, se lo ruego". Era desgarrador.

Yo sabía que había decenas de miles de personas como ella, luchando por sus vidas, quienes no tuvieron la habilidad de perseguir personalmente a la fiscal general. Así que fuimos a buscarlos. Llevamos a cabo reuniones en centros comunitarios de todo el estado. Yo quería que nos vieran, pero también quería que mi equipo los viera, para que, cuando estuvieran sentados frente a los ejecutivos de los bancos en una sala de conferencias, recordaran a quiénes estábamos representando. En una de estas reuniones, estaba hablando con un hombre sobre sus problemas con los bancos. Su pequeño hijo jugaba cerca en silencio. De repente, el niño se acercó y miró a su padre.

—Papi, ¿qué quiere decir 'con el agua al cuello'?

Pude ver un miedo espantoso en sus ojos. Él pensaba que su padre se estaba ahogando literalmente. Aun cuando podía sentirse de esa forma, lo que realmente significaba esa frase —y el término en inglés 'underwater'— era que su padre debía más dinero al banco por su casa que el valor que tendría la casa en el mercado si se vendiera. Así que, podría terminar sin la casa y todavía deberle dinero al banco.

De cualquier modo, era algo terrible. Pero la metáfora tenía sentido: mucha gente se estaba ahogando en deudas; otras tantas, se aferraban con uñas y dientes al borde del precipicio. Y, con cada día que pasaba, más y más personas desesperadas perdían el control y se caían.

En una reunión con dueños de casas, una mujer describió con orgullo la casa que compró con sus ahorros en 1997 —la primera casa que compraba siendo adulta. Después de atrasarse un mes en el pago del préstamo a principios del 2009, llamó al acreedor para pedirle asesoramiento. Los representantes de la institución le dijeron que podían ayudarla, pero, después de meses de insistirle que presentara y enviara incontables papeles, de enviarle documentos sin explicación y exigirle que firmara, de mantenerla en la inopia cuando ella buscaba respuestas a sus preguntas, su casa fue embargada, dejándola en la calle.

Conteniendo las lágrimas a medida que me contaba su historia, me dijo "Lo siento, sé que es solo una casa…" Pero, ella sabía, como lo sabemos todos nosotros, que nunca es "solo una casa".

Mi primera oportunidad de involucrarme personalmente en las charlas interestatales llegó a principios del mes de marzo. La Asociación Nacional de Fiscales Generales celebraba su convención anual en el hotel Fairmont, en Washington, DC. Volé allá con mi equipo. Todos los fiscales generales de los cincuenta estados estaban allí, sentados por orden alfabético del nombre de su estado. Mi lugar estaba entre Arkansas y Colorado.

A medida que la conversación pasaba de asuntos generales a la investigación interestatal, de repente vi claramente que la investigación no estaba completa. Quedaban muchas preguntas sin responder. Pero estaban listos para permitir que los bancos llegaran a un acuerdo extrajudicial. Los bancos podían pagar algún dinero, que los estados repartirían, y nunca tendrían que preocuparse por ser demandados.

Yo estaba atónita. ¿Cómo llegarían a la cantidad que iban a acordar? ¿En qué se basaba esa suma de dinero? ¿Cómo podíamos negociar un acuerdo cuando no habíamos completado una investigación?

Pero lo que me alteró más no fue la elección de una cifra

monetaria arbitraria. Fue que, a cambio del acuerdo, los bancos no podrían ser demandados en el futuro por cualquier delito que pudieran cometer durante ese tiempo. Eso era una locura. Ni siquiera habíamos terminado la investigación, de modo que no sabíamos qué clase de delitos podríamos descubrir.

Durante un receso de la sesión, me reuní con mi equipo. El acuerdo iba a estar en la agenda de la tarde otra vez.

—Yo no voy a esa reunión. Esto ya está arreglado —les dije.

California tenía más ejecuciones hipotecarias que ningún otro estado, lo cual significaba que muchísima más gente tenía la posibilidad de demandar a los bancos por mucho más dinero en California. Teníamos el poder de los números. Si los bancos no podían llegar a un acuerdo conmigo —en representación del pueblo de California— no iban a tener acuerdos con nadie. Una cosa era saber que yo tenía ese poder y otra distinta convencer a los demás de que estaba dispuesta a usarlo. Si yo no iba a la sesión de la tarde, mi silla vacía expresaría ese mensaje mejor de lo que yo podría hacerlo.

Mi equipo y yo salimos del Fairmont y tomamos un taxi al Departamento de Justicia. Llamamos a Tom Perrelli para dejarle saber que íbamos de camino. Era su trabajo, entre otras cosas, supervisar la investigación interestatal en nombre del gobierno federal. Le dije que, de las diez ciudades más afectadas por la crisis de las ejecuciones hipotecarias, siete estaban en California; que era mi deber llegar al fondo de este asunto; y que no podía suscribir nada que iba a impedirme realizar mi propia investigación.

Perrelli argumentó que mi investigación no iba a revelar lo que yo esperaba, que atacar a los grandes bancos no era algo que un solo estado podía hacer, ni siquiera el estado más grande del país. Y, agregó, cualquier cosa que yo intentara tomaría años. Para cuando yo obtuviera lo que California merecía, la gente que necesitaba ayuda ya habría perdido sus hogares. Esta era la razón por la cual no había habido una investigación a fondo; sencillamente, no había tiempo. Yo no estuve de acuerdo.

Volamos de regreso a casa esa noche y nos pusimos a trabajar de inmediato. Me habían dicho que, como estaban las cosas, California iba a recibir de $2 mil a $4 mil millones en el acuerdo. Algunos de los abogados en la oficina pensaron que esa era una cifra grande, lo suficientemente grande como para aceptarla. Mi respuesta fue: ¿Comparado con qué? Esa cantidad de dinero podría comprar un puñado de aviones, pero, ¿podría indemnizar a los dueños de casa de California? Un informe mostró que, en el transcurso de unos cinco años, cada día un promedio de quinientas familias de California perdía sus hogares. Si la trama ilegal de los bancos había causado mucho más de dos mil a cuatro mil millones de dólares en daños, entonces esos grandes números comenzarían a verse muy pequeños.

Después de que los expertos revisaron las cifras, supe que los resultados eran tan inaceptables como me temía. En comparación con la devastación, los bancos estaban ofreciéndonos migajas, muy lejos de compensar el daño que habían causado.

—Tenemos que prepararnos para salirnos del acuerdo —advertí a mi equipo—. No hay forma de que yo acepte esta oferta. —Les dije que era hora de abrir nuestra propia investigación. El hecho de que hiciéramos nuestra propia investigación enfadó a los negociadores interestatales. Los bancos estaban furiosos de que yo estuviera causando problemas. El acuerdo estaba en duda. Pero este había sido mi objetivo.

En esta situación, el daño no había terminado. Mientras las negociaciones seguían su curso, otros centenares de miles de dueños de casa recibían aviso de que perderían sus hogares. Estaba ocurriendo todos los días y en tiempo real. Zonas enormes, códigos de área completos, donde la gente estaba con el agua al cuello por cientos de miles de dólares. Mi equipo y yo estudiábamos los números semanalmente —un cuadro de desesperanza que describía cuántas personas estaban a ley de 30, 60 o 90 días de perder sus hogares.

Antes de abandonar las negociaciones, quise hacer un último intento para conseguir un acuerdo justo y algo de alivio verdadero para mi estado.

La siguiente reunión se llevaría a cabo en septiembre y los abogados de los principales bancos me pidieron que asistiera. Yo estaba segura de que me querían allí para tantearme desde el otro lado de la mesa —esta nueva fiscal general que cayó en paracaídas. Muy bien, yo también quería tantearlos.

Llegamos a las oficinas de Debevoise & Plimpton, el bufete legal de Washington que era la sede de la reunión. Nos llevaron a una gran sala de conferencias, donde estaban reunidas más de una decena de personas.

Después de unos cuantos saludos cordiales, nos sentamos alrededor de una mesa de conferencias larga e imponente. Yo me senté en la cabecera de la mesa. Los principales abogados de los grandes bancos estaban allí, junto con una flotilla de los mejores abogados de Wall Street.

La reunión fue tensa desde el primer momento. La abogada de Bank of America comenzó por dirigirse a mi equipo de negociación y quejarse del terrible dolor que le estábamos causando a los bancos. No estoy bromeando. Dijo que el proceso era frustrante, que el banco había pasado por un trauma terrible, que los empleados estaban trabajando para responder a todas las investigaciones y cambios a las reglas y prácticas desde el desplome. Todos estaban exhaustos, según nos dijo. Y ella quería respuestas de California. ¿Cuál era la demora?

Embestí de inmediato.

—¿Quiere hablar de dolor? ¿Tiene idea de la clase de dolor que ustedes han causado? —Yo lo sentía en mis huesos. Me enfurecía ver cómo esta gente descartaba el sufrimiento de los dueños de casas—. Hay millones de niños en California quienes ya no podrán volver a sus escuelas porque sus padres perdieron sus casas. Si quiere hablar de dolor, yo le hablaré de dolor.

Los representantes de los bancos estaban tranquilos, pero a la defensiva. Decían que los dueños de casa tenían la culpa por obtener hipotecas que no podían pagar. Yo no me tragaba nada de eso. Yo pensaba en el proceso de comprar una casa en la vida real.

Para la mayoría de las familias, una casa es la compra más grande que harán en su vida. Es un momento verdaderamente especial en su vida, prueba de todo su trabajo y esfuerzo. Confían en las personas involucradas en el proceso. Cuando el banquero te dice que cumples con los requisitos para un préstamo, confías en que haya revisado los números y que no te dejará tomar prestado más de lo que puedas pagar. Cuando llega el momento de finalizar el papeleo, básicamente es una ceremonia de firma que se siente como una celebración. Cuando los banqueros ponen frente a ti una pila de papeles, confías en ellos y firmas. Y firmas y firmas y firmas.

Miré detenidamente la sala llena de abogados y estaba segura de que ninguno de ellos había leído todas las palabras de sus propios documentos de hipoteca antes de comprar su primera casa. Yo tampoco lo hice cuando compré mi apartamento.

Los banqueros hablaban sobre hipotecas aparentemente sin tener idea de lo que ellos representaban para las personas involucradas ni quiénes eran esas personas. Parecían estar juzgando el carácter y los valores de los propietarios en dificultades económicas. Yo había conocido a muchas de estas personas. Y, para ellos, comprar una casa era mucho más que una inversión monetaria. Pensé en el Sr. Shelton, quien estaba siempre en el jardín de la entrada, podando sus rosales en la mañana, siempre cortando el césped o regando o fertilizando. En un momento dado, le pregunté a uno de los abogados: "Alguna vez ha conocido a alguien orgulloso de su césped?"

El forcejeo continuó. Ellos parecían tener la falsa impresión de que podrían intimidarme hasta que me diera por vencida.

Pero yo no iba a ceder. Hacia el final de la reunión, el abogado principal de JPMorgan hizo un comentario que supuso era una táctica inteligente. Me dijo que sus padres eran de California y que habían votado por mí y yo les simpatizaba. Y que él sabía que había muchos electores allí que estarían muy contentos conmigo si yo llegaba a un acuerdo. Era una buena política —él estaba seguro.

Lo miré directo a los ojos.

—¿Necesito recordarle que esta es una acción para hacer cumplir la ley? —La sala se quedó en silencio. Después de cuarenta y cinco minutos, la conversación se había extendido demasiado.

—Escuche, su oferta ni siquiera se acerca a reconocer el daño que causaron —les dije—. Y ustedes deben saber que hablo en serio. Voy a investigarlo todo. Todo.

El abogado principal de Wells Fargo se dirigió a mí.

—Bueno, si va a seguir investigando, ¿por qué deberíamos llegar a un acuerdo con usted?

—Esa decisión la tienen que tomar ustedes —le respondí.

Después de salir de la reunión, anuncié mi decisión de abandonar las negociaciones.

Comencé a recibir llamadas telefónicas. De amistades que temían que hubiera hecho enemigos muy poderosos. De asesores políticos que me advertían que me preparara porque los bancos iban a gastar decenas de millones de dólares para echarme de la oficina. Del gobernador de California: "Espero que sepa lo que está haciendo". De secretarios de gabinete y funcionarios de la Casa Blanca que intentaban convencerme de regresar a la mesa de negociaciones. La presión era intensa —y constante— y venía de todas partes: de los incondicionales de siempre, de los oponentes de toda la vida y de todos los demás.

Pero había también otra clase de presión. Millones de dueños de casa habían alzado su voz junto con los activistas y las organizaciones de defensa que se movilizaban de acuerdo con nuestra estrategia. Sabíamos que no estábamos solos.

No obstante, este período fue duro. Rechazamos esos 2 mil a 4 mil millones sin saber si obtendríamos algo. Antes de acostarme, decía una breve oración: "Dios mío, ayúdame a hacer lo correcto". Oraba por elegir el camino correcto y para tener el valor de mantener el curso. Pero, sobre todo, oraba para que las familias que confiaban en mí se mantuvieran seguras y a salvo. Yo sabía que había mucho en juego.

A menudo pensaba en mi madre y en qué habría hecho ella. Sé que me habría dicho que me mantuviera firme en mis creencias; que siguiera mis instintos. Las decisiones difíciles lo son precisamente porque no vemos con claridad el resultado.

Pero tu instinto, guiado por tus valores, te dirá si vas por buen camino. Y sabrás qué decisión debes tomar.

Para enero, los bancos estaban frustrados y furiosos, pensaban que habíamos presionado demasiado.

Reuní a mi equipo en mi oficina y tratamos de determinar cuál sería el próximo paso —si lo había. ¿Habíamos aniquilado cualquier posibilidad de negociar? ¿Nos quedaba alguna oportunidad? Necesitaba saberlo. Nos sentamos en silencio por un rato, pensándolo bien, hasta que se me ocurrió una idea. Le grité a mi asistente en la habitación de al lado que llamara por teléfono a Jamie Dimon. Dimon era —y sigue siendo al momento de escribir esto— el presidente y CEO de JPMorgan Chase, uno de los bancos más grandes del país.

Unos diez segundos después, mi asistente asomó la cabeza en mi oficina. "El Sr. Dimon está en línea". Levanté el teléfono.

—¡Usted está tratando de robarle a mis accionistas! —gritó tan pronto oyó mi voz.

Yo le rebatí:

—¿*Sus* accionistas? ¿*Sus* accionistas? ¡*Mis* accionistas son los dueños de hogares de California! Venga a verlos. Hable con ellos sobre a quién le robaron.

Nos mantuvimos un rato en ese nivel. Éramos como dos perros peleando. Un miembro de mi equipo senior más tarde me dijo que él pensó: "Esto puede ser una idea verdaderamente buena o descomunalmente mala".

Nunca sabré qué ocurrió del lado de Dimon. Lo que sé es que dos semanas después, los bancos cedieron. A fin de cuentas, en lugar de la oferta original sobre la mesa de entre 2 mil y 4 mil millones de dólares, aseguramos un acuerdo por $18 mil millones, que finalmente llegó a $20 mil millones en ayuda para los dueños de hogares. Fue una formidable victoria para el pueblo de California.

Me invitaron a ir a Washington para ser parte del anuncio oficial, una gran conferencia de prensa y celebración que tendría lugar en el Departamento de Justicia y en la Casa Blanca. Pero yo preferí quedarme en casa con mi equipo. Era nuestra victoria y debíamos compartirla. Y teníamos que prepararnos para las batallas que teníamos por delante.

CAMPANAS DE BODA

Cada vez que viajo a un país por primera vez, trato de visitar el tribunal de mayor rango en el lugar. De alguna manera, estos son monumentos construidos no solo para ser la sede de una sala de justicia, sino para enviar un mensaje. En Nueva Delhi, por ejemplo, la Corte Suprema de India está diseñada para simbolizar las balanzas de la justicia. En Jerusalén, el emblemático edificio de la Corte Suprema de Israel combina líneas rectas —que representan la naturaleza rigurosa de la ley— con paredes en curva y vidrio que representan la fluidez de la justicia. Estas son edificaciones que hablan.

Lo mismo puede decirse del edificio de la Corte Suprema de los Estados Unidos, el cual es, a mi parecer, el más hermoso de todos. Su arquitectura recuerda a la antigua Grecia y los albores de la democracia, como si estuvieras de frente a un Partenón de los tiempos modernos. Es majestuoso e imponente y al mismo tiempo solemne y sobrio. Al subir la escalinata hacia una extraordinaria entrada de columnas corintias, puedes ver en su arquitectura las expectativas de la fundación de nuestra nación. Ahí es donde están esculpidas en piedra las palabras *EQUAL JUSTICE UNDER LAW* (Justicia equitativa ante la ley). Y fue esa promesa la que me llevó al edificio de la Corte Suprema el 26 de marzo de 2013.

Al llegar, me escoltaron a mi asiento en la sala de justicia. Dado que los jueces de la Corte Suprema no permiten que se tomen fotografías ni videos adentro, la mayoría del país nunca ve este lugar. Yo no lo había visto hasta ese momento. Miré a mi alrededor con asombro: el impresionante mármol rosado; las cortinas de color rojo vivo y el elaborado cielo raso; el imponente estrado con sus nueve sillas vacías. Pensaba en todas las páginas de la historia que se habían escrito dentro de estas paredes. Pero, contrario a un museo o a un monumento de guerra, donde la historia se preserva para las futuras generaciones, la Corte Suprema es un lugar donde la historia está viva y en movimiento, donde sigue transformándose con cada decisión.

Poco después de las 10:00 de la mañana, nos pusimos de pie cuando los nueve jueces entraron a la sala y tomaron sus asientos.

—Oiremos esta mañana los argumentos del Caso 12-144,

Hollingsworth v. Perry —indicó el Juez Presidente John Roberts.

En 2008, los electores de California aprobaron una medida llamada Propuesta 8, la cual prohibía en el estado los matrimonios entre personas del mismo sexo. La mayoría de las elecciones se celebran para elegir entre varios candidatos para un puesto gubernamental, como gobernador, fiscal general, senador o presidente. Esos funcionarios electos establecen entonces la política pública. En algunos estados, los electores tienen una manera de crear directamente política pública sin los funcionarios electos como intermediarios. Esto se hace a través de un referéndum, como el que se conoció como 'Prop 8'. Pero la Propuesta 8 discriminaba contra las personas por motivo de su orientación sexual. Era desatinado y parecía ser también inconstitucional. Su día en corte se había estado esperando durante mucho tiempo.

Pero ese no fue el comienzo. En el año 2000, ocho años antes de la Propuesta 8, los votantes de California aprobaron en referéndum la Propuesta 22 (también conocida como la Iniciativa Knight, por su autor, el senador estatal William "Pete" Knight). Esta requería que el estado definiera el matrimonio como la unión de un hombre y una mujer. Durante años, la peleamos en las calles, en las urnas y en los tribunales. Incluso mi sobrina, Meena, que en ese momento estaba en edad escolar, se movilizó. Recuerdo que, un día cuando iba a buscarla a su preparatoria, me dijeron que estaba en una junta de estudiantes. Cuando llegué al salón de clases, la joven Meena estaba al frente, arengando a otros muchachos: "Esto no es una iniciativa, ¡es una pesadilla!".

Durante la semana de San Valentín en el 2004, Gavin Newsom, el entonces alcalde de San Francisco, decidió pasar por alto la Propuesta 22 y permitir de todos modos los matrimonios de parejas del mismo sexo.

Cuando pasé por el ayuntamiento de San Francisco, vi a una multitud alineada alrededor de la manzana esperando para entrar. Estaban contando los minutos antes de que el gobierno de California finalmente reconociera su derecho a casarse con la persona amada, quienquiera que fuera. Se podía sentir la alegría y la anticipación en la atmósfera. Algunas de estas parejas habían estado esperando por décadas.

Era un cuadro tan extraordinario que me bajé del carro y caminé hasta la escalinata del ayuntamiento, donde me topé con una funcionaria municipal.

—Kamala, venga a ayudarnos —me dijo con una sonrisa iluminando su rostro—. Necesitamos más personas para celebrar los matrimonios.

Yo estaba encantada de ser parte de ello.

Tomé juramento rápidamente, junto a un gran número de funcionarios municipales. Nos paramos juntos a celebrar matrimonios en el pasillo, con cada rincón del ayuntamiento atestado de gente. Era extraordinario ver cómo iba creciendo la emoción a medida que recibíamos las olas de parejas enamoradas que se iban casando una a una en ese momento y lugar. Yo no había participado nunca antes en algo así. Y era hermoso.

Sin embargo, poco tiempo después, los matrimonios fueron anulados. Las parejas que celebraron con tanta alegría y esperanza recibieron cartas para informarles que la ley no reconocería sus licencias de matrimonio. Para todas ellas fue un revés devastador.

En mayo de 2008, la Corte Suprema de California vino al rescate. Como el tribunal de mayor jerarquía en California, su función es similar a la de la Corte Suprema de los Estados Unidos. Sus decisiones sobre derecho en California son la última palabra para los pleitos legales estatales, mientras que la Corte Suprema de los Estados Unidos tiene la última palabra en los asuntos legales nacionales o federales. La corte determinó que la prohibición del matrimonio entre personas del mismo sexo era inconstitucional, lo cual sentó las bases para que las parejas de la comunidad LGBTQ+ (lesbianas, homosexuales, bisexuales, transexuales/transgénero, *queer* y otras) consiguieran la igualdad y dignidad que siempre han merecido, sin importar su orientación sexual. Y durante los siguientes seis meses, 18 mil parejas del mismo sexo intercambiaron votos matrimoniales en California.

Sin embargo, en noviembre de 2008, la misma noche en que Barack Obama fue elegido presidente, el pueblo de California aprobó por estrecho margen la Propuesta 8, una enmienda a la Constitución de California que despojaba a las parejas del mismo sexo de su derecho a contraer matrimonio. Como se trataba de una enmienda a la constitución estatal, no podía ser revertida por la legislatura —el equivalente al Congreso del estado— ni por el sistema judicial estatal. No podían celebrarse nuevos matrimonios y las parejas que ya se habían casado estaban ahora en un cruel limbo.

La justicia tenía una sola vía clara que seguir: las cortes federales. La American Foundation for Equal Rights (Fundación estadounidense para la igualdad de derechos), dirigida en ese entonces por Chad Griffin, presentó una demanda a nombre de dos parejas del mismo sexo —Kris Perry y Sandy Stier; Paul Katami y Jeff Zarrillo—, cuya responsabilidad era representar ante la corte a millones de personas en la misma situación, personas que querían simplemente tener la dignidad de casarse con la persona que amaban y quienes merecían igualdad de protección ante la ley.

La demanda tardó ocho meses en llegar a la primera etapa de la lucha: el tribunal de distrito federal de los Estados Unidos. En esa sala de justicia, un juez oiría a los testigos, revisaría las pruebas y decidiría, basándose en los hechos ante sí, si la Propuesta 8 había violado los derechos civiles de Kris, Sandy, Jeff y Paul. El 4 de agosto de 2010, el Juez Presidente Vaughn Walker dictaminó en su favor, concluyendo que la Propuesta 8 era efectivamente inconstitucional y afirmando el derecho de contraer matrimonio de las parejas del mismo sexo. Era una noticia importante y fantástica. Pero, siguiendo una práctica común, el juez decidió que esperaría para hacer cumplir la orden —un concepto que se conoce como mantener en suspenso— hasta que fuera apelada en un tribunal superior, lo cual él sabía que iba a ocurrir. Por supuesto, los promotores de la Propuesta 8 apelaron, esperando ganar un fallo que prohibiera de una vez por todas el matrimonio entre personas del mismo sexo.

Pasó más de un año para que el Noveno Circuito del Tribunal de Apelaciones emitiera su decisión. Cada día de atraso era justicia denegada y mucho, mucho más. Cada día de atraso era una pareja consagrada que no podía casarse.

Cada día de atraso era un día en que moría una abuela sin poder ver la boda que tanto había deseado. Cada día de atraso era un día en que un niño se preguntaba: "¿Por qué mis padres no pueden casarse también?"

El Tribunal de Apelaciones ratificó la decisión del tribunal de menor instancia. Era una excelente noticia, pero los promotores de la Propuesta 8 siguieron adelante, hasta llegar a la Corte Suprema. El problema principal era la capacidad o legitimación procesal, conocido en inglés como "*standing*". O sea, que no eres parte de una demanda simplemente porque crees en algo. Para presentar un caso ante los tribunales tienes que tener legitimización, que quiere decir, entre otras cosas, que has sido o podrías ser víctima de un daño o perjuicio real.

Kris Perry tenía legitimación para demandar al estado cuando se aprobó la Propuesta 8 porque ésta la perjudicó; la despojó de un derecho civil —el derecho de casarse con la mujer que amaba. La Propuesta 8 trataba a un grupo de estadounidenses de una manera diferente a todos los demás estadounidenses y eso no era justo. Los partidarios de la Propuesta 8 intentaron sostener que la existencia de los matrimonios entre personas del mismo sexo los perjudicaba, pero los tribunales no lo reconocieron así. Cuando la Propuesta 8 fue rechazada en el tribunal federal, esa decisión otorgó protección a un grupo sin quitarle nada a nadie. Los tribunales estaban diciendo: no puedes despojar a las personas de sus derechos solo porque no te gusta la idea de que tengan los mismos derechos que tienes tú. Los opositores del matrimonio entre personas del mismo sexo siempre tendrán su libertad de expresión. Ellos pueden decir y creer en lo que deseen. Pero no tenían la autoridad para negarles a otros estadounidenses el derecho a contraer matrimonio.

Cuando salí de la Corte Suprema, había centenares de personas reunidas, ondeando banderas con el arco iris, sosteniendo letreros, esperando ansiosamente la justicia. Me hicieron sonreír. Ellos eran la razón primordial por la cual me convertí en abogada. Era en la sala de justicia, a mi entender, donde se podía traducir esa pasión en acción y en ley.

Miré sus rostros e imaginé toda la gente que se había parado en ese mismo lugar por motivos similares: padres negros con sus hijos, luchando contra la segregación en las escuelas; mujeres jóvenes marchando y clamando por el derecho a controlar sus propios cuerpos y terminar un embarazo a través del aborto legal; activistas de los derechos civiles reclamando pleno derecho al voto.

En la vida cotidiana, puede parecer, a lo largo de los años, que estos activistas no tenían nada en común. Pero, en estas escalinatas, compartieron algo profundo: en una forma u otra, sufrieron el ser etiquetados como "directamente subversivos al principio de la igualdad" como lo diría en un momento dado el presidente de la Corte Suprema Earl Warren.

Y, de una forma u otra, ellos creyeron que la Constitución los haría libres. Creyeron en la promesa de ese documento, en las palabras de Franklin Roosevelt cuando expresó "no por su antigüedad, sino por su constante renovación, no solo con la veneración de su pasado, sino con la fe de que los vivos la conservarán joven, ahora y en los años venideros". Así que, ellos marcharon y lucharon y esperaron.

Yo sabía que no había nada seguro. En el pasado, la Corte Suprema había tomado decisiones terribles. En 1889, ratificó una ley —que todavía no ha sido derogada— que excluía específicamente la inmigración de los chinos a los Estados Unidos. En 1896, sostuvo que la segregación racial no violaba la Constitución. En 1944, afirmó que no había nada inconstitucional en obligar a los japoneses de los Estados Unidos a entrar en campos de internamiento durante la Segunda Guerra Mundial. En 1986, declaró que las relaciones homosexuales podrían ser criminalizadas. Y, el día antes de oír la decisión en nuestro caso, los jueces conservadores de la Corte anularon —y destriparon— una parte fundamental de la Ley de Derecho al

Voto que desde 1965 eliminó obstáculos para votar. Nada era seguro.

Pero, en la mañana del 26 de junio de 2013, recibimos extraordinarias noticias. La Corte Suprema determinó que los partidarios de la Propuesta 8 no tenían legitimación procesal para apelar y desestimaron el caso en una decisión dividida 5 a 4. Eso quería decir que el fallo del tribunal de primera instancia prevalecía. Y eso significaba que la ley de California volvía a reconocer la igualdad para contraer matrimonio —por fin.

Yo estaba en mi oficina cuando se supo la noticia. Surgió una celebración espontánea, con vítores y aplausos repercutiendo en todos los pasillos. Después de tantos años de luchas y reveses, el amor lo había superado todo.

Varios días después, sonó el teléfono. Era Chad Griffin. Estaba con Kris Perry y Sandy Stier.

—Kamala, vamos a San Francisco. Sandy y Kris van a ser la primera pareja en casarse y queremos que celebres la ceremonia.

—¡Por supuesto, me encantaría! —le contesté a Chad—. Nada me haría sentir más orgullosa.

Usualmente, tenía que viajar en un automóvil oficial, pero, esta vez insistí en que camináramos. A medida que mi equipo y yo nos abríamos paso al ayuntamiento, recordé la famosa imagen de Thurgood Marshall dando largos pasos deliberadamente con Autherine Lucy, a quien le habían negado la admisión a la Universidad de Alabama, una de las primeras pruebas de la integración racial. Aunque en este momento, nosotros éramos los únicos en la calle, se sentía como si estuviéramos capitaneando nuestra parte de un desfile —uno que se prolongaría por generaciones. Seguíamos los pasos de los gigantes y ampliábamos el camino para nuestra época.

Cuando llegamos al ayuntamiento, nos dirigimos a la secretaría, donde una multitud ya se estaba reuniendo en el pasillo. Kris y Sandy llegaron poco después, radiantes y listas.

—¡Felicitaciones! —exclamé y las abracé. Habían pasado por mucho durante demasiado tiempo. Reímos y charlamos.

Mientras tanto, comenzó a correrse la voz y a llegar cientos de personas al ayuntamiento. Algunos para celebrar, otros para casarse y otros simplemente para ser testigos de la historia. Podíamos oír al coro gay cantando, sus voces elevándose en la rotonda. A medida que desfilábamos juntos por aquel espacio reducido, todos sintiendo alegría pura, la sensación era mágica.

Nos preparábamos para la ceremonia cuando alguien me llamó aparte para decirme que el secretario en Los Ángeles se rehusaba a emitir las licencias de matrimonio hasta que tuviera instrucciones del estado. Obviamente, necesitaba orientación. Era tan sencillo como ponerme al teléfono.

—Le habla Kamala Harris —le dije—. Tiene que comenzar los matrimonios de inmediato.

—¡Muy bien! —respondió aliviado—. Tomaré eso como nuestro aviso y emitiré la licencia ahora.

Le di las gracias.

—¡Y disfrútelo! —añadí—. Va a ser divertido.

Poco después, tomé mi lugar en el balcón y observé a Kris y a Sandy, seguidas por sus seres queridos y amistades, subir las escalinatas del ayuntamiento. Se veían elegantes, vestidas en una combinación de crema y blanco. Sandy llevaba un ramo de rosas blancas. Dos días antes, ambas se habían convertido en símbolos vivientes de la justicia. Ahora, cuando daban los últimos pasos hacia mí, yo podía sentir que estábamos haciendo historia.

—Hoy somos testigos no solo de la unión de Kris y Sandy, sino de la realización de su sueño de contraer matrimonio... Al formar parte del caso contra la Propuesta 8, ellas representaron a miles de parejas que, al igual que ellas, luchaban por la igualdad del matrimonio. A través de los altibajos, las luchas y los triunfos, ellas salieron victoriosas.

Kris y Sandy intercambiaron sus votos y su hijo, Elliott, entregó los anillos. Yo tuve el honor y el privilegio de decir las palabras: "En virtud de la autoridad que me ha sido conferida por el estado de California, yo las declaro esposas de por vida".

Hubo cientos de bodas ese día en todo el estado, cada una de ellas una expresión de amor, justicia y esperanza. El ayuntamiento de San Francisco se iluminó con los colores del arco iris —un hermoso tributo a las sublimes palabras "Sí, quiero".

Cuando llegué a casa esa noche, tuve oportunidad de reflexionar sobre los acontecimientos del día. Mis pensamientos fueron para un hombre que me hubiese gustado que estuviera allí para verlo. Jim Rivaldo, mi amigo y uno de mis asesores más importantes. Era un estratega político, activista y líder de la comunidad LGBTQ de San Francisco. Mi familia lo adoraba, particularmente mi madre. Él pasó con nosotros el Día de Acción de Gracias el año antes de morir, en el 2007. Mi madre lo cuidó en su lecho de enfermo, tratando de mantenerlo cómodo en sus últimos días.

Yo hubiera querido hablar con él. Deseaba compartir este momento con él. Pero, incluso en su ausencia, sabía exactamente lo que habría dicho: *"No hemos terminado todavía"*.

Pasarían otros dos años para que la Corte Suprema reconociera la igualdad de los matrimonios en los cincuenta estados. Y, actualmente, de acuerdo con la ley federal, todavía hay casos en que un empleador puede despedir a un empleado si este se identifica como LGBTQ. Todavía, en los capitolios estatales de todo el país, se dan casos en que los derechos de los transgénero —los derechos de las personas que no se identifican con el género con el que nacieron— son pisoteados. Esta es una batalla por los derechos civiles que continúa activa.

Lo que ocurrió con la Propuesta 8 fue una parte importante de un trayecto más largo, uno que comenzó antes de que Estados Unidos fuera una nación independiente y que continuará en las décadas venideras. Es la historia de personas que luchan por su humanidad, por la simple idea de que todos debemos ser iguales y libres. Es la historia de personas que luchan por la promesa hecha a todas las futuras generaciones cuando se firmó la Declaración de Independencia: que ningún gobierno tiene derecho a privarnos de nuestra vida, de nuestra libertad o de nuestra humilde búsqueda de la felicidad.

En los años venideros, lo más importante es que todos nos veamos reflejados en las luchas de los demás. Ya sea que luchemos por los derechos de los transgénero o para ponerle fin a los prejuicios raciales, ya sea que luchemos contra la discriminación en la vivienda o contra crueles leyes de inmigración, no importa quiénes somos o nuestra apariencia o lo poco que parezca que tenemos en común, la verdad es que en la batalla por los derechos civiles y la justicia económica —la igualdad de oportunidades para progresar y triunfar— todos somos iguales. En las palabras del gran Bayard Rustin, organizador de la Marcha en Washington por los derechos civiles en 1963, "Todos somos uno y, si no lo sabemos, lo aprenderemos por las malas".

Varios meses después de la boda de Kris y Sandy, yo iba de camino a un evento de una organización llamada California Endowment sobre un tema que pocos esperan esté en la agenda de un fiscal general. Iba a hablar sobre el ausentismo en la escuela primaria —cuando los niños faltan muchos días a clases— y comenzar a hablar sobre soluciones.

Cuando comencé como fiscal general, le dije a mi equipo que quería que el ausentismo en la escuela primaria fuera una de las principales prioridades de mi oficina. Quienes no me conocían deben haber pensado que estaba bromeando. ¿Por qué el principal funcionario del estado a cargo del cumplimiento de la ley querría concentrarse en si los niños de siete años van o no a la escuela? Pero, quienes llevaban algún tiempo conmigo sabían que hablaba en serio. De hecho, establecer un plan estatal para combatir el ausentismo fue parte de las razones por las cuales aspiré al cargo.

Back on Track, el programa que creé cuando era fiscal de distrito, se trataba de ayudar a los jóvenes adultos a evitar ir a prisión y todos los resultados negativos que se derivan con frecuencia de una convicción por un delito grave. Pero me preocupaba también ayudar a los niños en riesgo desde antes, la clase de medidas que podíamos tomar como comunidad —y como país— para mantener a los niños seguros y bien encaminados desde el principio. Quería identificar los momentos clave en la vida de un niño cuando mi oficina pudiera marcar la diferencia.

Al estudiar las investigaciones, comencé a conectar los puntos. El primer punto se trataba de la importancia de aprender a leer bien antes del tercer grado. Hasta ese punto, las escuelas se concentran en enseñar a los estudiantes a leer. En cuarto grado, hay una transición y los estudiantes leen para aprender. Si los estudiantes no saben leer, no pueden aprender y se quedarán rezagados, mes tras mes y año tras año. Eso los lleva a una ruta de pobreza de la cual cada vez es más difícil escapar. La puerta de las oportunidades se cierra cuando apenas miden cuatro pies de altura. Opino que es prácticamente un crimen que un niño no obtenga una educación.

Y luego vienen los otros puntos. Al estudiar los datos, supimos que, en San Francisco, más del 80 por ciento de los prisioneros habían abandonado los estudios en la preparatoria.

Fui a ver a la superintendente del distrito escolar, una

excelente mujer llamada Arlene Ackerman, para preguntarle cuáles eran las tasas de deserción escolar en la preparatoria. Me dijo que gran parte de los muchachos que abandonan las clases en la preparatoria habían estado ausentes también de sus clases en la primaria durante semanas, incluso meses. Eso, para mí, era un llamado a actuar.

Las conexiones eran muy claras. Se podía seguir la ruta de los niños que comenzaban a alejarse del salón de clases desde pequeños. El niño que se ausenta se convierte en vagabundo… quien se convierte en el blanco de las pandillas que buscan nuevos reclutas… quien se convierte en el joven vendedor de drogas… quien se convierte en perpetrador —o en víctima— de la violencia. Si no vimos a ese niño en la escuela primaria, como correspondía, probablemente lo veremos más tarde en prisión, en el hospital o muerto.

Al investigar a fondo el asunto, descubrimos que la mayoría de los padres tienen un deseo natural de ser buenos padres y de ayudar a sus hijos a permanecer en la escuela. Ellos desean ser buenos padres y madres. Pero, puede que simplemente no tengan las habilidades o el dinero que necesitan.

Imagínense a una madre soltera que tiene dos trabajos con el sueldo mínimo, seis días a la semana y continúa atrapada por debajo del nivel de pobreza. Le pagan por hora y su empleo no incluye beneficios, como vacaciones con sueldo o tiempo por enfermedad pagado. Si su hija de tres años tiene fiebre, no puede llevarla a la guardería que paga con el segundo trabajo porque los demás niños se enfermarán. No hay dinero para pagar a una niñera, pero si no a va a trabajar, no le pagan el día, así que no podrá comprar pañales por el resto del mes. Ya es difícil ahorrar suficiente dinero para comprarle zapatos a su hijo de 11 años, que se le quedan en unos pocos meses.

Lo que representa un dolor de cabeza para quienes les sobra el dinero o tienen algunos ahorros o un empleo que les paga los días que se ausentan por enfermedad raya en la desesperación para quienes no los tienen. Si una madre en esa situación le pide a su hijo que no vaya a la escuela para que cuide a su hermanita, no podemos acusarla de amar menos a sus hijos. Se trata de un problema de circunstancias y situaciones, no de carácter. Ella quiere ser la mejor madre que pueda ser.

El objetivo de nuestra iniciativa para prevenir el ausentismo era intervenir y dar apoyo. Mostrar a las escuelas y a los padres que existían recursos que ellos podían acceder para ayudar a sus hijos.

Cuando me convertí en fiscal general, yo quería usar el poder de mi cargo para exponer la crisis del ausentismo escolar en el estado.

Nuestro primer informe, cuyos resultados yo anunciaría ese día en el California Endowment, calculaba que en todo el estado teníamos aproximadamente un millón de niños ausentes en la escuela primaria. Y, en demasiadas escuelas, casi todos los niños estaban ausentes: en una escuela, la tasa de ausentismo era más del 92 por ciento. ¡Noventa y dos de cada cien niños no iban a clases por el tiempo necesario!

Mientras yo hablaba, me di cuenta de que dos miembros de mi personal estaban susurrando y señalaban a un hombre en el público. No podía oírlos, pero sabía exactamente lo que estaban diciendo: "¿Quién es ese sujeto? ¿Es él?" Y yo sabía que lo decían porque ese sujeto era Doug.

Seis meses antes, yo tampoco sabía quién era ese Doug. Solo sabía que mi mejor amiga, Chrisette, estaba reventando mi teléfono. Yo estaba en medio de una junta y mi teléfono no dejaba de vibrar. Ignoré su llamada las primeras veces, pero luego empecé a preocuparme. Sus hijos son mis ahijados. ¿Habría pasado algo?

Salí de la reunión y la llamé.

—¿Qué pasa? ¿Está todo bien?

—Sí, todo está perfecto. Tienes una cita.

—¿Qué tengo qué?

—Tienes una cita —respondió completamente segura—. Acabo de conocer a un hombre guapo, es el socio administrador de su bufete y creo que de verdad te va a gustar. Vive en Los Ángeles, pero tú siempre estás aquí de todos modos.

Chrisette es como una hermana para mí y yo sabía que no tenía sentido discutir con ella.

—¿Cómo se llama? —le pregunté.

—Su nombre es Doug Emhoff, pero, prométeme que no vas a buscarlo en Google. No lo pienses demasiado. Solo conócelo. Ya le di tu número de teléfono. Te va a llamar.

Una parte de mí gruñó, pero, al mismo tiempo, agradecí que Chrisette tomara la iniciativa. Ella era una de las pocas personas con quienes hablaba de mi vida privada. Yo estaba en el ojo público y sabía que en la política las mujeres solteras no se ven de la misma forma que los hombres solteros. Los reporteros prestan mucha atención cuando nos ven en una cita y escriben artículos en la prensa y en sus sitios web sobre eso. Yo no tenía el más mínimo interés en invitar ese tipo de escrutinio, a menos que estuviera segura de haber encontrado a la persona correcta, lo que quería decir que, durante años, mantuve mi vida privada separada de mi vida profesional.

Unas cuantas noches después, iba de camino a un evento

cuando recibí un mensaje de texto de un número que no reconocí. Doug estaba viendo un juego de baloncesto con un amigo y sacó el valor para enviarme un mensaje torpe. "¡Hola! Es Doug. Solo para saludar. Estoy en el juego de los Lakers". Le respondí el saludo e hicimos planes para hablar al día siguiente. Entonces, puntualicé con un poco de mi propia torpeza —"¡Arriba los Lakers!"— aun cuando realmente soy fanática de los Warriors.

A la mañana siguiente, salía del gimnasio antes de ir a trabajar cuando me di cuenta de que tenía una llamada perdida de Doug.

El mensaje de voz, que todavía tengo guardado, era largo y un poco enredado. Pero, sonaba como un buen tipo y me intrigaba, así que, decidí llamarlo.

Él contestó y terminamos hablando por teléfono durante una hora. Sé que suena trillado, pero la conversación fluyó y, aun cuando estoy segura de que ambos nos esforzamos por parecer ocurrentes e interesantes, lo que más recuerdo es que nos reíamos y bromeábamos de nosotros mismos y entre nosotros. Hicimos planes para cenar el sábado en la noche en Los Ángeles. Apenas podía esperar.

Doug tenía dos hijos de un matrimonio anterior, Cole y Ella. Cuando comenzamos a salir, Ella estaba en la secundaria y Cole en la preparatoria; Doug tenía custodia compartida con su primera esposa, Kerstin. Yo sentía —y siento— una profunda admiración y respeto por Kerstin. Por la forma en que Doug hablaba de sus hijos, yo podía ver que ella era una madre espectacular y meses después, cuando Kerstin y yo nos conocimos, realmente nos caímos bien y nos hicimos amigas.

Siendo hija de padres divorciados, yo sabía que es muy duro cuando los padres comienzan a salir con otras personas. Así que Doug y yo pensamos mucho en cuándo y cómo sería mi primer encuentro con sus hijos. Esperamos alrededor de dos meses después de conocernos y, cuando el gran día llegó, yo sentía que llevaba años enamorada de Doug.

Me levanté ese día sintiéndome increíblemente emocionada, pero también tenía maripositas en el estómago. Hasta ese momento, yo solo conocía a Cole y a Ella como rostros encantadores en las fotografías de Doug, personajes fascinantes en sus historias, las figuras centrales en su corazón. Ahora iba a conocer finalmente a estos dos jóvenes increíbles. Era una ocasión memorable.

De camino del trabajo a casa, compré una lata de galletas y le puse un alegre lazo alrededor. Me quité el traje sastre, me puse unos pantalones vaqueros y zapatillas deportivas, respiré hondo y me dirigí a la casa de Doug. En el camino, traté de imaginar cómo serían los primeros minutos. Visualicé distintos escenarios e intenté imaginar las frases perfectas. La lata de galletas iba a mi lado en el asiento, mudo testigo de mis ensayos. ¿Los muchachos pensarían que las galletas eran un lindo detalle o les parecería extraño? Quizás el lazo estaba de más.

Probablemente el lazo estaba de más. Pero Cole y Ella no pudieron haber sido más amables. Ellos también deseaban conocerme. Hablamos durante unos minutos y nos fuimos en el carro de Doug a cenar. Él y yo decidimos que dejaríamos que los niños eligieran a dónde ir a comer para que se sintieran tan cómodos como fuera posible. Eligieron un lugar de mariscos en Pacific Coast que era su favorito desde que eran más jóvenes —el Reel Inn. Estaba como a una hora de distancia con el tránsito, lo que nos dio tiempo de calidad en el camino para conocernos mejor. Resultó que Cole era aficionado a la música y compartió conmigo entusiasmado algunos de sus más recientes descubrimientos.

—Empecé a escuchar la música de Roy Ayers —me dijo—. ¿Lo conoce?

Le respondí cantando: *"Everybody loves the sunshine, sunshine, folks get down in the sunshine…"*

—¡Sí lo conoce!

—¡Claro que lo conozco!

Pusimos la canción y luego otra y otra. Los cuatro cantamos juntos con las ventanillas bajas mientras paseábamos por la costa de camino a la cena.

El Reel Inn era casual y era difícil no sentirse a gusto. Nos sentamos en mesas de pícnic con vista al mar, justo cuando el sol comenzaba a ponerse. Cuando terminamos de comer, Cole y Ella nos dijeron que iban a la escuela de Cole para ver una exposición de arte donde se exhibían obras de algunos de sus amigos. Querían saber si nos gustaría acompañarlos.

—¡Por supuesto! —respondí, como si fuera algo muy normal. Me parecía excelente. Entonces, Doug me susurró: "Debes agradarles, porque a mí nunca me invitan a nada". Fuimos juntos a la escuela y Ella —una artista con mucho talento— nos guio como toda una experta por la exposición. Muchos de sus amigos estaban allí también y la pasamos muy bien compartiendo y conversando con los estudiantes y con sus padres. Más tarde, Doug bromeaba diciendo que me habían agobiado con sus vidas esa noche, pero yo creo que sería más acertado decir que me habían enganchado, Cole y Ella me conquistaron.

Tenía planeados dos viajes para finales de marzo de 2014. Uno era a México para unas reuniones de trabajo importantes. El otro era a Italia, donde Doug y yo esperábamos tener una escapada romántica. La noche que regresé de México tenía que prepararme para nuestro viaje a Italia. No era lo peor del mundo ni mucho menos, pero estaba frustrada: No tenía tiempo para empacar y estaba entrando en pánico. ¿Por qué? No podía encontrar mis pantalones negros.

Era ridículo, por supuesto, pero yo tenía un centenar de cosas en la mente y estaba tratando de cambiar la marcha para irme de vacaciones con mi novio. Me mortificaba por tratar de hacer demasiado, incluso mientras me preocupaba por no hacer lo suficiente, y todo ese estrés se materializó en una búsqueda de mis pantalones negros.

Que, por cierto, no pude encontrar. Mi clóset era un desastre.

Estaba agotada y, cuando Doug llegó, él también parecía estar incómodo —un poco frio, un poco callado.

—¿Te importaría si en lugar de salir a cenar pedimos algo? —le pregunté—. No planeé esto bien y necesito tiempo para empacar.

—Claro, ¿qué tal el sitio tailandés que nos gusta?

—Me parece excelente. —Revolví una gaveta de la cocina hasta encontrar un estropeado menú de papel—. ¿Qué tal Pad Thai?

Doug se dirigió a mí.

—Quiero pasar el resto de mi vida contigo.

Eso fue muy dulce, pero él siempre era así. A decir verdad, yo no caí en cuenta del significado de lo que él acababa de decirme. Ni siquiera levanté la vista. Mi mente todavía estaba en los pantalones negros.

—Eso es lindo, cariño —le dije, rozando su brazo y mirando el menú—. ¿Pedimos pollo o camarones en el Pad Thai?

—No, te digo que quiero estar contigo toda mi vida —me repitió. Cuando levanté la vista, se estaba poniendo de rodillas. Había elaborado un complicado plan para proponerme matrimonio en Italia. Pero, después de tener el anillo, le quemaba el bolsillo. No podía mantener el secreto.

Lo miré allí de rodillas y rompí en llanto. Doug buscó mi mano y yo contuve la respiración y sonreí. Entonces, me pidió que me casara con él y yo grité entre lágrimas "¡Sí!"

Doug y yo nos casamos el viernes 22 de agosto de 2014, en una pequeña ceremonia con nuestros seres queridos. Maya ofició la boda; mi sobrina, Meena, leyó un pasaje de Maya Angelou. Conforme a nuestras respectivas herencias culturales india y judía, yo coloqué una guirnalda de flores alrededor del cuello de Doug y él rompió una copa con el pie. Y eso fue todo.

Cole, Ella y yo estuvimos de acuerdo en que no nos

gustaba la palabra "madrastra", así que me llamarían su "Momala".

Una de mis rutinas familiares favoritas es la cena del domingo en familia. Esta es una rutina que comencé cuando Doug y yo nos comprometimos. Cuando empezamos a salir, él era un papá soltero que compartía la custodia con Kerstin. Las cenas familiares eran comida china para llevar con cubiertos de plástico, que los niños se llevaban a toda prisa a sus habitaciones. Yo cambié eso. Ahora, todos saben que el domingo la cena en familia es sagrada. Que nos sentamos todos juntos a la mesa, los parientes y amigos siempre son bienvenidos y yo preparo la comida para compartir entre todos. Para mí, eso es verdaderamente importante.

Todos se acostumbraron rápidamente a la rutina y encontraron su rol. Cole pone la mesa, elige la música y colabora como ayudante del chef en la cocina. Ella prepara un guacamole que parece de restaurante y unos postres exquisitos. Doug se compró un par de gafas de protección para cortar la cebolla y hace todo un espectáculo cada vez que le toca usarlas.

Yo preparo el plato principal. No siempre sale bien: algunas veces la masa de la pizza no sube o la salsa no se espesa o nos falta un ingrediente principal y tengo que improvisar. Pero está bien, porque la cena familiar de los domingos se trata de mucho más que la comida.

Cuando terminamos de cenar, los muchachos lavan los platos. Una vez, les conté la historia del tío Freddy. Él vivía en un pequeño apartamento de sótano en Harlem con una cocina diminuta, así que el tío Freddy lavaba cada plato o utensilio que usaba tan pronto terminaba. Con el tiempo, los chicos convirtieron al "tío Freddy" en un verbo. Cuando llegaba la hora de limpiar, prometían "tío Freddy" el lugar y ¡hacían un excelente trabajo!

Sé que a muchas personas no les gusta cocinar, pero me ayuda a concentrarme. Mientras esté preparando la cena familiar del domingo, sé que estoy en control de mi vida, haciendo algo importante para mis seres queridos para que podamos compartir tiempo de calidad.

YO DIGO QUE LUCHEMOS

Siempre recordaré cómo me sentí en noviembre de 1992, siendo fiscal a los 28 años de edad, crucé el puente desde mi casa en Oakland a San Francisco para celebrar la victoria de las recién electas senadoras de los EE. UU. Barbara Boxer y Dianne Feinstein. Eran las primeras mujeres de California elegidas al senado y las primeras dos mujeres que representaban a un estado al mismo tiempo. Su elección fue el broche de oro al llamado Año de la Mujer, así como una inspiración para las mujeres y las niñas en todas partes, incluyéndome.

Recordé esa celebración 22 años después, a principios de enero de 2015, cuando la senadora Boxer anunció que no se postularía a la reelección.

Faltaban casi dos años para noviembre de 2016, pero yo tenía que tomar una decisión. ¿Debía postularme para ocupar el lugar de la senadora Boxer? Convertirme en senadora de los Estados Unidos sería una extensión natural del trabajo que ya estaba haciendo —luchar por las familias que afrontan los costos abusivos de la vivienda y la falta de oportunidades; por las personas encarceladas en un sistema de justicia criminal que no funciona; por los estudiantes que tienen que llevar la carga de unos costos universitarios por las nubes; por las víctimas de compañías fraudulentas que los engañan; por las comunidades de inmigrantes, por las mujeres, por los ancianos. Sabía que era importante llevar esas prioridades a nivel nacional y decidí que yo podía hacerlo. Anuncié mi candidatura el 13 de enero de 2015. Otras 33 personas también lo hicieron más tarde. Doug, para quien era la primera campaña importante, tuvo que acostumbrarse a estar en un nuevo tipo de candelero.

Abordé la candidatura como lo había hecho antes, reuniéndome con la mayor cantidad de personas posible, escuchando detenidamente sus inquietudes, trazando un plan de acción para abordar los problemas. A medida que transcurría la campaña, mi equipo y yo cruzamos el estado de lado a lado en lo que llamamos el autobús Kamoji, por la gigantesca caricatura emoji de mí que estaba pintada en la puerta trasera.

Los dos años de campaña pasaron de forma rápida y lenta a la vez. Pero, mientras yo me concentraba en mi estado, mi campaña y el trabajo que tenía ante mí, algo feo y alarmante estaba infectando la elección presidencial, la cual sería también en noviembre de 2016. La primaria presidencial republicana, para elegir al candidato del Partido Republicano que enfrentaría al candidato presidencial demócrata en noviembre, se estaba convirtiendo en una carrera hacia el fondo —una carrera de ira, de echar culpas, de avivar las llamas de la discriminación y el miedo hacia las personas que parecen diferentes. Y el hombre que prevaleció cruzó todos los límites de la decencia y la integridad —alardeando de atacar a las mujeres; mofándose de los discapacitados; esparciendo el racismo; demonizando a los inmigrantes; vejando a los héroes de guerra y a sus familias; e incitando a la hostilidad, incluso al odio, contra los reporteros.

Como resultado, aun cuando yo gané mi escaño, la noche de las elecciones de 2016 no fue una noche para celebrar. Ni siquiera pudimos darnos el lujo de tomarnos un respiro. Tuvimos que emprender de inmediato la nueva lucha que teníamos ante nosotros, una lucha contra las políticas del nuevo presidente. Inspirándome en las palabras de Coretta Scott King, la viuda del Dr. Martin Luther King Jr., le recordé al público en mi mensaje de victoria que cada generación debe luchar por la libertad y ganarla.

—Por la naturaleza misma de esta lucha por los derechos civiles y por la justicia y la igualdad, cualquier avance que obtengamos no será permanente. Tenemos que estar atentos

—les advertí—. Habiendo entendido eso, no pierdan las esperanzas. No se agobien. No es momento de tirar la toalla, sino de remangarnos y luchar por lo que somos.

Cuando hablaba a mis seguidores esa noche, yo no sabía exactamente lo que vendría. Pero estaba segura de que tendríamos que permanecer fuertes y unidos.

El jueves 10 de noviembre, menos de 48 horas después de mi elección, visité los cuarteles generales de la Coalición por los Derechos Humanos de los Inmigrantes de Los Ángeles (CHIRLA por sus siglas en inglés).

CHIRLA es una de las organizaciones más antiguas para la defensa de los derechos de los inmigrantes en Los Ángeles. Fue fundada en 1986 para enseñarles a los inmigrantes cómo podían solicitar cambiar su situación legal para convertirse en ciudadanos de los Estados Unidos, así como sus derechos para trabajar. Capacitaban a los líderes comunitarios, se oponían a las leyes anti inmigrantes y le hacían frente a la discriminación basada en el origen nacional (el país de donde procede la familia de un inmigrante). Era el primer lugar donde quería hablar oficialmente como senadora electa.

La sala estaba llena. Llena de mujeres fuertes y valientes —jóvenes, madres, abuelas y bisabuelas— mujeres trabajadoras que hicieron todo tipo de labor, desde limpiar casas hasta cuidar ancianos. Algunas de ellas hablaban inglés con fluidez, otras solo hablaban español, todas estaban preparadas para luchar.

En su valor, su dignidad y su determinación me recordaban a mi madre. Parada entre ellas, pensaba en la experiencia de ser inmigrante en los Estados Unidos.

Por un lado, es una experiencia de esperanza y propósito, la convicción profunda en el poder del sueño americano, una experiencia de posibilidades. Pero, al mismo tiempo, es una experiencia demasiadas veces marcada con las cicatrices de los estereotipos y la discriminación, tanto a plena vista como oculto bajo la superficie.

Mi madre era la persona más fuerte que yo he conocido, pero siempre me sentí también como su protectora. En parte, supongo, ese instinto protector se debe a ser la hija mayor. Pero sabía también que mi madre era un blanco fácil. Yo lo había visto y me enfurecía. Tengo demasiados recuerdos de ver cómo trataban como estúpida a mi brillante madre simplemente por su acento. Recuerdos de ver cómo la seguían en una tienda por departamentos con suspicacia porque probablemente una mujer de piel oscura como ella no tenía el dinero para comprar el vestido o la blusa que había elegido.

Recuerdo también la seriedad que ella le impartía a cualquier encuentro con funcionarios gubernamentales. Cada vez que regresábamos de un viaje al extranjero, mi madre se aseguraba de que Maya y yo mostráramos nuestra mejor conducta al pasar por la fila de aduana en el aeropuerto donde tienes que mostrar el pasaporte. "Párense derechitas. No se reían. Quédense quietas. Tengan todas sus cosas. Estén preparadas". Ella sabía que juzgarían cada palabra que dijera y quería que nosotras estuviéramos listas. La primera vez que Doug y yo pasamos juntos por la aduana, estos recuerdos me asaltaron. Yo me preparaba como siempre, asegurándome de que todo estuviera perfecto y en orden. Doug estaba tan relajado como siempre. Era exasperante verlo tan despreocupado. Él estaba auténticamente perplejo, preguntándose con inocencia: "¿Cuál es el problema?" Habíamos sido criados en realidades diferentes. Para ambos, fue una experiencia reveladora.

Desde que somos una nación de inmigrantes, hemos sido una nación que teme a los inmigrantes. A mediados de la década de 1850, el primer movimiento importante hacia un tercer partido en los Estados Unidos, el llamado *Know-Nothing* (literalmente no saber nada) se popularizó por su agenda anti inmigrante. En 1882, una ley del Congreso prohibió la inmigración de chinos al país. En 1917, el Congreso estableció una serie de nuevas restricciones a los inmigrantes, incluyendo un requisito de que los inmigrantes tendrían que saber leer. En

1924, se redujo drásticamente la cantidad de personas del sur y el este de Europa que se permitió entrar al país. En 1939, alrededor de 1,000 judíos alemanes que huían de los nazis en un barco llamado St. Louis no fueron aceptados por los Estados Unidos. Un plan para permitir la entrada al país de 20,000 niños refugiados judíos fue rechazado de plano. Y, poco después, el gobierno estadounidense internó aproximadamente a 117,000 personas de ascendencia japonesa —el gobierno arrancó a estos estadounidenses de sus hogares y comunidades y los obligó a vivir en campos de internamiento durante la guerra, como si fueran enemigos o espías o prisioneros de guerra, simplemente por las familias en las que nacieron.

En años más recientes, hemos estado luchando con la globalización. Las compañías que antes tenían mayormente estadounidenses trabajando en empresas ubicadas en los EE. UU. comenzaron a mudarse al extranjero y a llevarse los empleos con ellas. Esto ha causado temor e inseguridad en las personas sobre su capacidad de conservar su trabajo y su estilo de vida. En el 2007, cuando nos golpeó la Gran Recesión, se perdieron numerosos empleos en los Estados Unidos. Algunos políticos republicanos señalaron a la inmigración como el problema, incluso cuando se oponían a una ley que habría creado nuevos empleos. Los inmigrantes han ayudado a dar forma a este país, pero también se han convertido en blancos fáciles de culpar, chivos expiatorios para problemas que ellos no causaron.

Nuestro país fue construido por muchas manos, por personas de todas partes del mundo. Los inmigrantes y sus hijos fueron las mentes creadoras detrás de muchas de las marcas más conocidas, desde Levi Strauss hasta Estée Lauder. Sergey Brin, el cofundador de Google, era un inmigrante ruso. Jerry Yang, cofundador de Yahoo!, vino de Taiwán. Mike Krieger, cofundador de Instagram, es un inmigrante de Brasil. Arianna Huffington, cofundadora de *The Huffington Post*, nació en Grecia. De hecho, en el 2016, los investigadores descubrieron que más de la mitad de las empresas emergentes multimillonarias de Silicon Valley fueron fundadas por uno o más inmigrantes.

Me paré al lado del podio en CHIRLA, con una bandera estadounidense y globos con franjas y estrellas como telón de fondo, mientras una madre —que se dedicaba a limpiar casas en el Valle de San Fernando— hablaba en español sobre su temor a ser deportada, a ser devuelta al país de donde escapó. Yo apenas podía traducir sus palabras, pero entendí su significado y pude sentir su angustia. Era visible en sus ojos, en su postura. Ella deseaba poder decirles a sus hijos que todo estaría bien, pero sabía que no podía hacerlo.

Pensé en los cerca de seis millones de niños estadounidenses que viven en una casa con por lo menos un miembro de la familia "indocumentado" —alguien que llegó a los Estados Unidos desde otro país, pero no pudo presentar todos los documentos correspondientes para estar aquí legalmente— y el trauma y la tensión que había causado la elección. Había oído muchas historias de planes de contingencia que se estaban adoptando —madres que decían a sus hijos "Si mami no regresa a casa del trabajo, llama a tu tía o a tu tío para que vengan a buscarte". ¿Cómo se supone que un niño se concentre en sus clases o deportes o tarea cuando vive con una preocupación visceral de que mamá o papá va a desaparecer?

Los defensores que trabajaban con las familias nos contaron que los niños tenían miedo de ir a la escuela porque no sabían si los padres estarían todavía en casa a su regreso de clases. Los padres cancelaban las citas con los pediatras por temor a que el Servicio de Inmigración y Control de Aduanas (ICE, por sus siglas en inglés) estuviera esperándolos. Y, ¿qué pasaría con los niños nacidos en los Estados Unidos si sus padres eran deportados? ¿Los niños deberían quedarse con un pariente en los Estados Unidos? ¿Deberían regresar con sus padres a un país que nunca habían conocido? Cualquiera de las opciones era desgarradora nada más de imaginarla.

También había preguntas sobre los inmigrantes que

habían sido traídos a los Estados Unidos de niños, pero eran indocumentados. Ellos no tenían la culpa de haber venido y no conocían otro hogar que este país. El presidente Obama había creado un programa llamado *Deferred Action for Childhood Arrivals* (Acción diferida para los llegados en la infancia) (DACA por sus siglas en inglés) para protegerlos contra la deportación y ayudarlos a obtener permisos para trabajar. Pero la administración entrante quería eliminar el programa y, al hacerlo, dejaría en el limbo el futuro de miles de jóvenes.

—Vamos a luchar por los ideales de este país —prometí a los presentes en CHIRLA— y no vamos a ceder hasta que ganemos.

Dos días después de las elecciones, salí de CHIRLA tanto motivada como preocupada. Sabía que nos estábamos preparando juntos para la batalla. Pero sabía también que llevábamos las de perder en esta lucha. Teníamos que armarnos de valor para todo lo que nos esperaba.

Las cosas marchaban con mucha rapidez. La semana siguiente, Doug y yo volamos de un extremo a otro del país para la orientación en Washington a los nuevos senadores. Un grupo bipartita de senadores —senadores tanto republicanos como demócratas— y sus cónyuges nos recibieron para tres días repletos de sesiones, durante las cuales nos informaron las normas y procedimientos del Senado, la ética y cómo montar una oficina en el Senado. Doug estudió las carpetas para los cónyuges como todo un académico.

Los senadores tienen muchas funciones importantes y mi equipo y yo teníamos apenas menos de dos meses desde el día de las elecciones hasta Año Nuevo para construir la oficina prácticamente desde cero. Como miembros de la rama legislativa, los senadores crean las leyes, así que necesitaba en mi personal expertos en cualquier asunto que pudiera surgir, tales como relaciones con países extranjeros, los detalles de la ley del cuidado de la salud, cómo financiar escuelas, y un millón de temas más. Los senadores también tienen que ayudar a sus constituyentes —en mi caso 39 millones de californianos— a navegar por el gobierno federal. Eso incluye ayudar a los veteranos que dependen de los pagos por incapacidad debido a una lesión causada en batalla o a los inmigrantes que se encuentran un problema técnico al presentar sus papeles para convertirse en ciudadanos o a las personas de la tercera edad enfermas que necesitan cuidados médicos. Mi personal encargado de los asuntos de los constituyentes tenía que comenzar a trabajar de inmediato para ayudar a los californianos cuyos problemas no podían esperar.

Y hay otros puestos también —personal de comunicaciones que responde a las preguntas de la prensa, personal de correspondencia que contesta las cartas y los correos electrónicos, estudiantes en práctica y voluntarios que ayudan en todos los aspectos de la oficina, y más. La diversidad de los empleados era importante para mí —veteranos, mujeres, personas de color. Quería que mi personal en Washington y en nuestras oficinas estatales fuera el reflejo de la gente que representamos.

Lo más difícil de mi nuevo trabajo era estar lejos de Ella. Antes de convertirme en senadora, yo había ido a todas sus competencias de natación, a todos sus juegos de baloncesto. Kerstin y yo generalmente avergonzábamos a Ella cuando nos sentábamos juntas y dábamos vivas gritando su nombre. Sentía mucho tener que perderme ahora alguno de estos juegos. Y lamentaba que tendríamos mucho menos tiempo de calidad en persona, particularmente porque ella estaba a punto de entrar a la universidad, como lo había hecho Cole varios años antes. Yo tenía el compromiso de volar a casa todos los fines de semana que pudiera porque era importante para mí por muchas razones— para ver a mis constituyentes, tomar el pulso en el campo y, esencialmente, preparar la cena familiar del domingo.

Lo peor fue varios meses después, cuando me di cuenta de que no iba a poder ir a la graduación de preparatoria de

Ella por una importante audiencia del Comité de Inteligencia del Senado que se llevaría a cabo ese mismo día. Cuando la llamé para decirle, ella fue muy comprensiva, pero yo me sentía terrible. Después, conversé con algunas de mis colegas. Maggie Hassan, una senadora de New Hampshire, me levantó el ánimo. Ella me dijo: "Nuestros hijos nos aman por quienes somos y los sacrificios que hacemos. Ellos entiendn". En el caso de Ella y de Cole, tengo la suerte de saber que eso es cierto. Cuando la audiencia terminó, corrí al aeropuerto para volar de regreso a California. Me perdí la ceremonia de graduación, pero llegué a casa a tiempo para cenar en familia esa noche.

Doug y yo alquilamos un apartamento provisional en Washington, DC, cerca del Capitolio, con un mínimo de muebles —un par de taburetes, una cama, un sofá cama para cuando los muchachos venían de visita y, para Doug, un televisor de pantalla grande. Todo iba tan rápido que no quedaba mucho tiempo para comprar víveres o cocinar, así que preparé un chili de pavo una noche y congelé suficiente para que nos durara semanas.

Presté juramento el 3 de enero de 2017 ante el vicepresidente Joe Biden durante su último mes en el cargo y me mudé a una oficina en el sótano junto a otros senadores elegidos por primera vez para comenzar mi trabajo de comité. Los senadores sirven en comités, donde usan su experiencia específica para investigar a fondo los temas que abarcan esos comités. La mayoría de los proyectos de ley comienzan en comités. Después de ser aprobados en un comité, pasan al pleno del Senado para la votación de los cien senadores. Un proyecto de ley que es aprobado por el Senado y por la Cámara de Representantes pasa entonces a ser firmado por el presidente de los Estados Unidos para convertirse en ley. Los comités del Senado también llevan a cabo audiencias e invitan a expertos externos para que nos den más información sobre un cambio propuesto a una ley. Además, los comités tienen el deber constitucional de aprobar (o rechazar) a los hombres y mujeres que el presidente nombre para dirigir las agencias del gabinete, tales como el Departamento de Estado y el Departamento del Tesoro o el Departamento de Seguridad Nacional. Algunas veces, los comités investigan si ocurre algo sospechoso en la administración de un presidente. Esto es importante porque el Congreso es una rama equiparable del gobierno y tenemos la autoridad y responsabilidad constitucional de pedir cuentas al presidente y a todos los miembros de su administración. Si están haciendo algo mal, nosotros, el pueblo, tenemos que averiguarlo, lo cual hacemos a través de nuestros senadores y miembros del Congreso. Si bien no hay vacantes en todos los comités del

Senado, yo fui asignada a cuatro de ellos, de acuerdo con mi pericia y mis antecedentes: Inteligencia, Seguridad Nacional, Presupuesto y Medio ambiente y obras públicas.

Una semana más tarde, el Comité de Seguridad Nacional realizó la vista de confirmación para el General John Kelly, quien había sido nominado como secretario de Seguridad Nacional. Yo decidí concentrar las preguntas que le haría en el programa DACA.

—Cientos de miles de jóvenes beneficiados por DACA en todo el país temen en este momento lo que la administración entrante les pueda hacer y pueda hacerles a los miembros no autorizados de sus familias —le dije.

No cualquiera podía ser elegible al programa. Los beneficiarios de DACA habían presentado cuantiosos documentos al gobierno federal, incluyendo información detallada sobre ellos mismos y sobre sus seres queridos. Tenían que estar en la escuela o haber obtenido ya un certificado o diploma de preparatoria o haber recibido una baja honorable de las fuerzas armadas. Tenían que presentar prueba de identidad, prueba del momento de admisión a los Estados Unidos, prueba de haber terminado la escuela o el servicio militar, así como información biométrica, como las huellas dactilares. Solo después de cumplir con este considerable escrutinio podían obtener el estado de DACA.

—A estos jóvenes les preocupa que la información que brindaron de buena fe a nuestro gobierno pueda usarse ahora para rastrearlos y provocar su desplazamiento —le dije al General Kelly.

—¿Usted está de acuerdo en que no deberíamos usar esta información en contra de ellos? — pregunté. Kelly no contestó directamente esa pregunta ni ninguna otra de las preguntas apremiantes que le formulé.

Al final, voté en contra de la confirmación de John Kelly y presioné a mis colegas para hacer lo propio. Él no estaba preparado para mantener las promesas de este país y yo no estaba preparada para ponerlo a cargo de ellas. De todos modos, fue confirmado y, en los primeros cien días de la nueva administración, los arrestos de inmigración aumentaron en más de un 37 por ciento. Las cifras de arrestos de inmigrantes indocumentados sin expediente delictivo casi se duplicaron.

Estas políticas han tenido consecuencias trascendentales para los niños cuyos padres están encarcelados. En el 2016, una cuarta parte de todos los niños en los Estados Unidos menores de cinco años vivían en familias inmigrantes. Estos niños han tenido que vivir paralizados por el miedo de que, en cualquier momento, les puedan arrebatar a sus padres de su lado.

Los hijos de los inmigrantes enfrentan también un nuevo

tipo de tormento: el acoso. Otros niños se mofan de ellos, les dicen que serán deportados, que sus padres van a ser deportados, que deben regresar al lugar de donde salieron. Las crueles palabras y acciones de un bravucón famoso y poderoso en la Casa Blanca han sido imitadas y adoptadas como el grito de guerra de los acosadores en todas partes.

Pero, ¿cómo reaccionas ante un bravucón? Le haces frente.

En las vísperas de la toma de posesión, los activistas planearon una marcha de mujeres en ciudades de todo el país el día después de la transición presidencial oficial para repudiar todas las bajezas y el acoso que soportamos colectivamente durante toda la elección presidencial y desde el día de las elecciones. Nadie podía saber cómo resultaría, pero fue colosal —más allá de toda expectativa. Más de cuatro millones de personas se manifestaron en las calles de la nación, con marchas hermanas en otros países del mundo.

En Washington, la manifestación fue tan masiva que abarrotó toda la ruta, de un extremo a otro —un dinámico mar de personas con sombreros rosados, el símbolo de la marcha, en representación de toda la gama de la diversidad estadounidense.

Vi abuelas con el cabello blanco y universitarias con el cabello azul; hípsters vestidos de franela y mamás futboleras con sus chaquetas forradas; niños pequeños en cochecitos y adolescentes en los árboles; hombres y mujeres en solidaridad, hombro con hombro. Sorprendentemente, entre la multitud, me topé con la tía Lenore, quien me envolvió con un abrazo de oso. Me dijo que su hija Lilah también estaba en la muchedumbre. Habían salido a marchar juntas, portando el estandarte de la justicia social que Lenore y mi madre levantaron en alto siendo estudiantes de Berkeley medio siglo antes.

Me habían pedido que hablara y, mientras subía a la tarima, me sobrecogió el tamaño y el espíritu de la multitud que se extendía delante de mí hasta donde me alcanzaba la vista. Había tanta gente que las redes de los teléfonos celulares se cayeron y, sin embargo, la energía era electrizante. Nadie podía moverse, pero todos parecían entender que la marcha era un indicio de una nueva clase de coalición cuya verdadera fortaleza todavía no se había puesto a prueba.

—Aun cuando no estén sentados en la Casa Blanca, aunque no sean miembros del Congreso de los Estados Unidos... ustedes tienen el poder. Y ¡nosotros, el pueblo, tenemos el poder! —les dije a los manifestantes—. Y ¡no hay nada más poderoso que un grupo de hermanas decididas, marchando junto con sus decididos compañeros, hijos, hermanos y padres, para defender lo que sabemos que es justo!

Seis

NOSOTROS NO SOMOS ASÍ

El 16 de febrero de 2017, pronuncié mi primer discurso en el pleno del Senado de los Estados Unidos. Fue una experiencia aleccionadora. En años recientes, el Senado no ha logrado hacer mucho porque los senadores de ambos partidos políticos no han sido capaces de lograr un consenso. El Senado, una vez admirado por su cultura de debate reflexivo, con frecuencia ha resultado ser todo lo contrario. Aun así, allí parada, me vinieron a la mente los gigantes del pasado senatorial y la extraordinaria labor que habían realizado en ese mismo lugar. Mi escritorio en el Senado una vez perteneció a Eugene McCarthy, quien propuso en 1965 una ley de inmigración que establecía normas encaminadas a reunificar a las familias inmigrantes.

Inicié mi mensaje exactamente como habrían esperado quienes me conocían:

—Ante todo, me presento hoy con un sentido de gratitud

hacia todos aquellos sobre cuyos hombros nos apoyamos. Para mí, mi inspiración fue mi madre, Shyamala Harris.

Conté la historia de su inmigración, la historia de su determinación, la historia que nos forjó a Maya y a mí, y que nos hizo estadounidenses.

—Sé que ahora nos mira desde arriba. Y, conociendo a mi madre, probablemente esté diciendo: "Kamala, ¿se puede saber qué está pasando allá abajo? ¡Tenemos que defender nuestros valores!"

Hablé sobre las acciones de este presidente que azotan a nuestras comunidades inmigrantes y religiosas como un frente frío "provocando un miedo escalofriante en los corazones de millones de personas buenas y trabajadoras". La administración estaba atacando a todos los inmigrantes. Incluso prohibió la entrada al país de personas provenientes de siete países mayormente musulmanes. No solo fue caótico y mal planeado, sino discriminatorio y cruel.

Hablé del impacto enorme en el estado de California, porque creo que California es una versión a escala de quiénes somos como estadounidenses. Expliqué que tenemos agricultores y ambientalistas, soldadores y tecnólogos, republicanos, demócratas, independientes y más veteranos y más inmigrantes que en ningún otro estado de la nación. Al tocar el tema de DACA, reiteré lo que había dicho en la audiencia de confirmación de John Kelly: que habíamos prometido a los beneficiados que no usaríamos su información personal en su contra y que no podíamos faltar a nuestra palabra a esos niños y a sus familias.

Estas políticas eran más que inmorales y despiadadas, también eran peligrosas. Hablé como fiscal de toda la vida y como ex fiscal general del estado más grande de este país cuando expresé que las acciones de inmigración de esta administración y la prohibición contra los musulmanes representaban una amenaza real e inminente para nuestra seguridad pública. En lugar de darnos más seguridad, el incremento en las redadas contra los inmigrantes y las órdenes ejecutivas del presidente infundían miedo.

—Por este motivo —expliqué—, los estudios han demostrado que los latinos están un 40 por ciento menos inclinados a llamar al 911 cuando han sido víctimas de un delito que el resto de la población. Este clima de terror empuja a la gente a las sombras, bajo tierra, y hace que sea menos probable que denuncien los delitos contra ellos o contra otras personas. Menos víctimas que denuncien los delitos y menos testigos dispuestos a cooperar.

Hablé también de las consecuencias económicas, teniendo

en cuenta que los inmigrantes constituyen el diez por ciento de la mano de obra en California y aportan $130 mil millones a la economía estatal.

—Los inmigrantes son dueños de pequeñas empresas, labran la tierra, cuidan niños y ancianos, trabajan en nuestros laboratorios, asisten a nuestras universidades y sirven en nuestras fuerzas armadas. Así que, estas acciones no solo son crueles, sino que provocan una reacción en cadena que perjudica a nuestra seguridad pública y a nuestra economía.

Terminé mis comentarios con un llamado a actuar: tenemos la responsabilidad de trazar una raya y decir 'no'; como una de las tres ramas equiparables del gobierno, nuestro deber, como miembros del Congreso, es defender los ideales de este país.

Al mes siguiente, invité a una joven de Fresno graduada de la Universidad de California en Merced, investigadora biomédica y beneficiaria de DACA, para que fuera mi invitada en una sesión conjunta del Congreso. Los padres de Yuriana Aguilar se mudaron de México a Fresno cuando Yuriana tenía cinco años de edad. Ninguno de ellos tenía papeles. Sus padres eran trabajadores agrícolas que mantenían a la familia con la venta de verduras. Aun así, Yuriana recuerda: "de alguna manera ellos sabían que, para triunfar, necesitas tener una educación".

Yuriana se tomó a pecho el mensaje de sus padres —literalmente. En la actualidad, trabaja en Rush Medical College, en Chicago, estudiando cómo funciona el sistema eléctrico del corazón. DACA hizo posible que obtuviera una educación, un grado de doctorado.

Yuriana ha descrito cómo lloró de alivio cuando oyó por primera vez sobre la creación de DACA. Entonces, volvió a su investigación, a poner su granito de arena para ayudar a que otras personas tengan vidas más sanas. Como ella dice: "La ciencia no tiene fronteras, no hay límites a sus avances". Mi madre la habría amado.

El compromiso de Yuriana de retribuir lo que nuestro país le dio es característico de otros jóvenes beneficiados por DACA. La gran mayoría de los favorecidos por DACA —más del 75%— están trabajando. Visten uniforme de nuestro ejército, estudian en nuestros institutos y universidades y trabajan en compañías estadounidenses grandes y pequeñas. De hecho, si los beneficiarios de DACA fueran deportados, se calcula que la economía de los Estados Unidos en conjunto podría perder tanto como $460 mil millones en una década. Estos jóvenes están aportando a nuestro país de maneras sustanciales.

Yuriana estuvo siempre en mi mente en el transcurso del drama que se desataría durante el año. Ella fue la primera persona en la que pensé cuando, el 5 de septiembre de 2017, el Fiscal General Jeff Sessions, de forma cruel y arbitraria, anunció que la administración daba por concluido el programa DACA, dejando así en el limbo el destino de cientos de miles de personas.

Sin DACA, los jóvenes elegibles que fueron traídos de niños a los Estados Unidos se enfrentan a un terrible dilema: quedarse a vivir aquí sin papeles, con el temor a ser deportados, o abandonar el único país que han conocido. No tienen una ruta hacia la ciudadanía. No pueden salir del país y ponerse en fila para inmigrar, porque no hay fila. Y, para esta administración, esa es la idea.

El Congreso puede subsanarlo. Hay un proyecto de ley bipartidista en Cámara y Senado del cual soy coauspiciadora conocido como *DREAM Act (Development, Relief and Education for Alien Minors Act)* —Ley para el Desarrollo, la Ayuda y la Educación de Menores Extranjeros— que da a estos jóvenes una vía permanente a la ciudadanía, un puente sobre las otras terribles opciones. Cada día que pasa sin aprobarse esta "ley por un sueño" es un día más que los llamados *dreamers* o soñadores tienen que vivir aterrados, a pesar de haber hecho todo lo que les pedimos que hicieran.

He conocido a muchos "soñadores" a lo largo de los años

y prácticamente a diario durante mi primer año en el Senado de los Estados Unidos. Llegaban a Washington con valentía para reunirse con miembros del Congreso y contar sus historias. Un día, se suponía que me reuniría con cinco "soñadores" de California quienes estaban en la ciudad como parte de un grupo proveniente de todas partes del país. Los demás también querían unirse, así que los invité a mi sala de conferencias. Estaba abarrotada, con personas de pie, recostadas de las paredes.

Me conmovió uno de los muchachos de California, Sergio, quien era estudiante de la Universidad de California en Irvine. Contó que su madre trabajaba en México y el dinero no le alcanzaba, así que decidió venir a los Estados Unidos para darle la oportunidad de tener una vida mejor. Contó cómo él se esforzó al máximo en la escuela y concentró sus energías en hacer trabajo comunitario para ayudar a la gente a obtener atención médica. Como muchos otros soñadores, estaba dedicando su vida al servicio público. Ese es el asunto con los *dreamers*: ellos verdaderamente creen en la promesa de este país, que también es su país.

Había tanta pasión en los ojos de Sergio. Pero yo sabía que también estaba asustado. La decisión de la administración de terminar con DACA había sido tan desalentadora y desmoralizante, tan opuesta a la mejor parte de la historia de nuestro país y a la promesa de oportunidades en la que él confiaba. Mientras él y la mayoría de ellos buscaban en mi mirada la seguridad de que iban a estar bien, yo luchaba contra el dolor de saber lo cruel e injusta que era la situación y que, yo sola, no podía controlar el resultado. Todavía me duele.

El mes de febrero de 2018 fue crucial en la lucha por la inmigración. La administración continuó con su conducta cruel e indignante, llegando al extremo de eliminar la referencia de los Estados Unidos como "nación de inmigrantes" de la declaración de misión de la agencia responsable de los servicios de inmigración y ciudadanía. Mientras tanto, la administración y muchos congresistas republicanos tomaron como rehenes a los soñadores al decir que votarían a favor de la Ley DREAM únicamente a cambio de legislación que incluyera $25 mil millones en dinero de los contribuyentes para construir un muro en la frontera con México.

Me opuse a esto por varias razones. Desde una perspectiva puramente de dólares y centavos, era un despilfarro total del dinero de los contribuyentes. Yo creo firmemente en la seguridad de las fronteras, pero los expertos coinciden en que un muro no protegerá nuestra frontera.

Pero existe una razón de más peso para oponerse al muro.

Un muro inútil en la frontera sur sería nada más que un símbolo, un monumento que representa lo opuesto no solo a todo lo que yo valoro, sino a los valores fundamentales sobre los cuales se construyó este país. La Estatua de la Libertad es el monumento que define ante el mundo lo que somos. El poema de Emma Lazarus allí dice: "Dadme a vuestras masas fatigadas, pobres y hacinadas que anhelan respirar en libertad". Se refiere a nuestra verdadera naturaleza: un país generoso que respeta y recibe con los brazos abiertos a quienes han emprendido el difícil viaje hasta nuestras costas, con frecuencia huyendo de la maldad; que ve nuestro espíritu optimista y decidido reflejado en aquellos que aspiran a hacer realidad el sueño americano. ¿Cómo podría votar a favor de construir un simple monumento diseñado para enviar el frío y duro mensaje "PROHIBIDA LA ENTRADA"?

Así que, la lucha a favor de los soñadores continúa. Y esto es lo que creo: Estos jóvenes fueron traídos a nuestro país, en muchos casos antes de que pudieran caminar o hablar; no fue su decisión. Este es el único país que han conocido. Este es su hogar y aquí están marcando la diferencia. Así que yo no me rendiré hasta que sean reconocidos como lo que son, estadounidenses.

✳ ✳ ✳

En Centroamérica hay una región conocida como el Triángulo Norte, que incluye tres países: El Salvador, Guatemala y Honduras. En conjunto, estos países tienen la amenazadora distinción de estar entre los más violentos del mundo. Entre los años 1979 y 1992, El Salvador fue devastado por una guerra civil que causó aproximadamente 75,000 muertes. De 1960 a 1996, la guerra civil de Guatemala costó la vida a 200,000 civiles. Honduras no sufrió una guerra civil propia, pero la sangre de la violencia en los países vecinos cruzó sus fronteras y convirtió también a ese país en uno de los lugares más peligrosos para vivir. Incluso después de terminar las guerras, la violencia continuó. Una economía fragmentada con extrema pobreza y pocos empleos, atiborrada de armas y destrucción generacional, dio pie a la creación de grupos del crimen organizado que usaban el asesinato y la violencia sexual, incluyendo la violación —el delito de obligar a las personas a tener relaciones sexuales en contra de su voluntad— para controlar el territorio y apoderarse de grandes zonas de la región. Desde entonces, más personas han sido asesinadas y secuestradas en el Triángulo Norte que en algunas de las guerras más cruentas del mundo. Entre los años 2011 y 2014, cerca de cincuenta mil personas fueron asesinadas en el Triángulo Norte y tan solo el cinco por ciento de las muertes redundaron en convicciones de los asesinos en un tribunal de justicia. Para los residentes de esos países, con frecuencia el terror define sus vidas. La violencia de las pandillas, el narcotráfico y la corrupción son rampantes. Las pandillas, tales como MS-13 y Mara 18, reclutan a los jóvenes a través de amenazas e intimidación y obligan a las adolescentes a padecer violencia sexual al llamarlas "novias de las pandillas". Hay historias de niños robados, violados y asesinados. Si hubiese una zona cero para la brutalidad y la desolación, sería el Triángulo Norte.

La única opción es escapar. Así lo han hecho cientos de miles de personas quienes han huido de la región a otros países vecinos y han llegado hasta los Estados Unidos a través de México. Son refugiados en busca de asilo, de un lugar seguro donde vivir después de huir de la violencia en su patria. En el pasado, hemos recibido a los refugiados de acuerdo con el derecho internacional y les hemos concedido un estatus protegido especial por las terribles adversidades que enfrentan. Algunas veces, llegan como familias. Pero, con demasiada frecuencia, el viaje es costoso, lo que lleva a los padres a tomar una decisión aterradora: ¿Mantienen a sus hijos cerca, pero expuestos a peligros extremos o los envían a los Estados Unidos, con la certeza de que, si sobreviven al peligroso viaje, tendrán una oportunidad de vivir seguros y libres?

En el verano de 2014, decenas de miles de niños y adolescentes huyeron de la violencia del Triángulo Norte a través de redes de contrabando humano que los trajeron a los Estados Unidos.

En esa época yo era fiscal general de California, estaba sentada en casa viendo las noticias de la noche en televisión cuando vi una imagen que me caló hondo. En Murrieta, California —un pueblo entre Los Ángeles y San Diego— varios autobuses con alrededor de 140 niños y padres indocumentados a bordo iban de camino a un centro de procesamiento. Una multitud se había reunido y bloqueaban el camino, ondeando banderas y letreros y gritando "¡Nadie los quiere!" "¡No son bienvenidos!" "¡Vuelvan a sus países!" Había niños en esos autobuses que veían por las ventanillas las caras llenas de odio. Lo único que habían hecho era huir de la espantosa violencia.

Pero no se trataba únicamente de los manifestantes en las calles. Al mismo tiempo, desde Washington, DC estaban presionando para agilizar el proceso de decidir quién se quedaba y quién regresaba a la violencia de su patria. Estas decisiones dependían de la manera en que los niños describían su vida antes de llegar a los Estados Unidos. Eso quería decir que los niños tenían que compartir datos y contar sus historias de forma clara.

Por mi experiencia procesando casos de agresión sexual

contra menores, yo sabía que, en este tipo de casos, lleva tiempo ganarse la confianza de un niño y que el niño sea capaz de contar su historia en un tribunal de justicia. Peor aún, supe que estos niños refugiados no tenían derecho a tener un abogado que los guiara durante el proceso. Y eso tenía una gran importancia. Si no tienes abogado, las probabilidades de perder un caso de solicitud de asilo son alrededor del 90 por ciento. Si tienes asesoramiento, tienes un 50 por ciento de probabilidades de ganar. Puesto que la deportación llevaría a estos niños de vuelta al epicentro del peligro, tener o no un abogado era un asunto de vida o muerte.

Yo tenía que hacer algo al respecto y sabía que no había tiempo que perder. Así que, personalmente auné esfuerzos con algunos de los mejores abogados del estado y les pedí que se presentaran en mi oficina para que me ayudaran a asegurarnos de que estos niños, algunos de apenas ocho años de edad, tuvieran abogados y, por lo tanto, acceso al debido proceso de ley, el derecho a ser tratado de forma justa a lo largo del proceso judicial.

Representantes de decenas de bufetes de abogados se reunieron en mi sala de conferencias en el centro de Los Ángeles y logré que donaran sus servicios para ayudar a estos niños. Después, auspicié legislación para otorgar $3 millones a otras organizaciones que estaban proporcionando representación legal a estos niños.

Esa fue mi primera experiencia con la crisis del Triángulo Norte y sus consecuencias sobre los niños y las familias. Pero no sería la última.

Desde el mismo comienzo en enero de 2017, el nuevo presidente y su equipo echaron mano de todas las medidas posibles para prohibir la entrada a nuestro país a algunas de las personas más necesitadas y desamparadas del mundo. Aun cuando esperábamos acciones inquietantes de esta Casa Blanca, hasta yo me sorprendí con lo que ocurrió después. John Kelly indicó que estaba considerando seriamente la posibilidad de obligar a los niños a separarse de sus padres en la frontera. "Yo haría prácticamente cualquier cosa para disuadir a la gente de Centroamérica de caer en esta peligrosísima red que los lleva a través de México hasta Estados Unidos", expresó, al confirmar que lo estaban contemplando.

Yo le cuestioné sobre esta atroz política en una audiencia del comité.

—Así que, ¿usted está renuente a emitir una directriz por escrito acerca de que la política de este departamento es no separar a los niños de sus madres, a menos que la vida del niño corra peligro? —le pregunté.

—Yo no necesito hacer eso —respondió.

Supimos a través de un artículo del *New York Times* que, durante seis meses, de octubre de 2017 a abril de 2018, setecientos niños fueron separados de sus padres, incluyendo cien que apenas tenían cuatro años de edad.

Existen pocas cosas más crueles, inhumanas y perversas que arrebatar a un niño de los brazos de sus padres. Todos deberíamos saberlo por mera intuición. Pero, si se necesitan más pruebas, podemos ver una declaración emitida por la Dra. Colleen Kraft, presidenta de la Academia Americana de Pediatría, a nombre de la organización, acerca de la extraordinaria tensión y el trauma de la separación familiar, que puede "causar un daño irreparable, alterar la arquitectura cerebral de un niño y afectar su salud a corto y a largo plazo". La Asociación Médica Estadounidense coincide con estos hallazgos y ha exigido que se ponga fin a esta política, al tiempo que señala que los niños que el gobierno de Estados Unidos está separando a la fuerza de sus padres pueden quedar marcados de por vida.

La administración alegó que no separaría a las familias que buscaban asilo si llegaban a un puerto de entrada oficial —como un puesto de control fronterizo— en lugar de otras partes de la frontera. Hubo informes de una niña de seis años de la República Democrática del Congo que fue separada de su madre cuando llegaron al puerto de entrada de San Diego en busca de asilo, aun cuando la madre pudo mostrar que corrían grave peligro. Una niña ciega de seis años de edad fue separada de su madre. También un bebé de 18 meses. Esto no solo era una tragedia, sino una violación al derecho internacional. Era un abuso de los derechos humanos. Y las consecuencias no eran únicamente para los niños. Un hombre de Honduras fue separado de su esposa, le arrebataron de los brazos a su hijo de tres años de edad y fue encerrado en una celda en aislamiento. El trauma lo llevó al suicidio.

Vamos a llamar a las cosas por su nombre. La Casa Blanca y el Departamento de Seguridad Nacional estaban usando a los niños —bebés— como rehenes de una política totalmente equivocada e inhumana para desalentar la inmigración.

A menudo comparo el equilibrio de nuestra democracia con una mesa de cuatro patas: tres ramas independientes y equiparables de gobierno —la rama legislativa (el Congreso), la rama ejecutiva (la presidencia) y la rama judicial (los tribunales)— y una prensa libre e independiente. A medida que se revelaba este horror, la prensa trabajaba incansablemente para salvaguardar nuestros verdaderos valores. Los equipos de reporteros se trasladaron a nuestra frontera del sur para grabar y reportar en tiempo real y mostrar a los estadounidenses lo que realmente estaba ocurriendo, para llevar la crisis a nuestras salas. La cruda cobertura diaria informó e inspiró un clamor público que obligó finalmente a la administración a retractarse, por lo menos de forma temporal.

El 20 de junio de 2018, el presidente firmó una orden ejecutiva que terminó con la práctica de la separación familiar. Pero ese no fue el final de la historia. En lugar de separar a las familias, la nueva política de la administración era retener indefinidamente a esas familias tras las rejas. En el momento que escribo estas líneas, encarcelar a niños inocentes continúa siendo la política de los Estados Unidos. Los niños siguen separados de sus padres. En el período posterior a la orden ejecutiva, todavía veíamos titulares como este, de *The Texas Tribune*: "Ordenan a niños pequeños inmigrantes comparecer solos ante el tribunal".

Un día seco y caluroso a finales del mes de junio, visité el centro de detención Otay Mesa, cerca de la frontera entre California y México. Formular preguntas a los funcionarios de la administración en las audiencias congresionales era importante, pero también lo era igualmente visitar a las personas que estaban sufriendo las consecuencias de su política inhumana. Yo he visto muchas prisiones. El aspecto de Otay Mesa era idéntico. Para entrar en la instalación, que está rodeada de cercas de malla ciclónica y alambre de púas, hay que pasar por varios puestos de control. Se abre una reja, caminas hacia el centro y la reja se cierra detrás de ti antes de que se abra la siguiente. Para cualquiera que esté detenido aquí, esta es una señal categórica de que está aislado del mundo.

Ya dentro del edificio, conocí a algunas madres que habían sido separadas de sus hijos. Usaban mamelucos azules con la palabra *DETAINEE* (detenido) en letras mayúsculas en la espalda. Pedí al personal del centro que nos dieran un poco de privacidad. Se pararon a unas veinte yardas de distancia mientras yo les preguntaba a las madres sobre sus experiencias y comprendía el trauma profundo que habían padecido.

Olga me contó que no había visto a sus cuatro hijos —de 17, 16, 12 y 8 años de edad— en casi dos meses y ni siquiera estaba segura de dónde estaban. Ella había tomado un vuelo de Honduras a México para huir de la violencia doméstica, del abuso de su compañero. Se detuvo en el refugio de Tapachula, en México, donde se enteró de que había una caravana que ayudaba a los refugiados a llegar a Estados Unidos. No iba a costarle dinero y la dejaría en Tijuana, justo al sur de la frontera. La caravana fue una bendición, según me dijo. Les proporcionaron a ella y a su familia alimentos en el camino y le ofrecieron ayuda en el proceso de solicitar asilo. Me dijo que viajó por avión, por tren y por autobús y, en ocasiones, caminó, aunque a menudo pudo pedir un aventón. Las personas por el camino estaban dispuestas a ayudar.

Cuando llegaron a Tijuana, la llevaron a ella y su familia a iglesias y refugios y, finalmente, se presentaron a la patrulla fronteriza de los Estados Unidos. Los llevaron a una celda de detención y les dijeron que esperaran a ser procesados. En ese momento, la separaron de sus hijos, sin advertencia ni explicación. Ella les rogó a los agentes de la patrulla fronteriza que le dijeran a dónde habían llevado a sus hijos. Presentó sus certificados de nacimiento. Ella necesitaba respuestas desesperadamente. Pero no las obtuvo. Solo supo que sus tres hijas estaban detenidas juntas, mientras que a su hijo varón lo dejaron solo. Finalmente, una trabajadora social pudo conectarla por teléfono con sus hijos, quienes no estaban seguros de dónde estaban exactamente. Ella llegó a creer que todos estaban en New York City y, aunque le dijeron que estaban bien, era difícil imaginar que eso pudiera ser cierto.

El Departamento de Seguridad Nacional había indicado que las familias que solicitaran asilo en los puertos de entrada no serían separadas. Pero, cuando otra mujer en Otay Mesa, Morena, salió de El Salvador y se presentó con sus dos hijos, de 12 y 5 años de edad, en el centro de procesamiento del paso fronterizo de San Ysidro, le arrebataron a sus hijos. Ella suplicó sin éxito a los agentes que no se llevaran a sus hijos. Tuvo que esperar quince días para llamar a sus hijos, porque a los detenidos les cobraban las llamadas a 85 centavos por minuto y ella no tenía dinero. Tuvo que ganárselo trabajando en el centro. Morena trabajó siete días consecutivos y le pagaron solamente cuatro dólares. Olga trabajó doce días y también le pagaron cuatro dólares. Ellas dijeron que cuando intentaron denunciar el abuso, les gritaron.

Habían pasado seis semanas y Morena todavía no había podido comunicarse con sus hijos. Llamó al centro donde le dijeron que los habían llevado, pero el teléfono sonaba y nadie lo contestaba. Me dijo que el único momento que les permitían hacer las llamadas telefónicas era cuando sus hijos no estaban disponibles porque estaban en clase. Morena me dijo que se le hacía difícil comer porque estaba demasiado afligida por no poder ver ni hablar con sus hijos por tanto tiempo.

Cuando hablé con los guardias en el campo de detención, tenía muchas preguntas y las respuestas no me cuadraban. Por ejemplo, me dijeron que ofrecían un servicio de videoconferencia con los niños, que estaba disponible en cualquier momento y que era gratis. Me aseguraron que las llamadas telefónicas también eran gratuitas. Pero, cuando pregunté a las madres si ellas sabían esto, de inmediato me dijeron que no. Ni siquiera sabían que había videoconferencias disponibles. Cuando regresé a Washington y participé en una audiencia del Comité de Asuntos Judiciales con Matthew Albence, director ejecutivo asociado de las operaciones de cumplimiento y deportación de ICE, el Servicio de Inmigración y Control de Aduanas, nuestro intercambio sobre este tema fue revelador.

Le conté a Albence cómo me enteré, durante mi visita a Otay Mesa, a través de las madres detenidas, que cuando ellas hacían tareas, tales como limpiar los inodoros o lavar la ropa, les pagaban un dólar por día.

—¿Sabe usted sobre esa política o práctica? —le pregunté.

—Muchas de las personas que están bajo la custodia de ICE son elegibles para solicitar y trabajar en un programa de trabajo voluntario —respondió Albence—. No es obligatorio; es voluntario, si deciden hacerlo. Muchos lo hacen para pasar el tiempo, mientras esperan su audiencia o su deportación.

—¿Usted cree que las personas eligen voluntariamente limpiar inodoros para pasar el tiempo? ¿Eso es lo que está diciendo?

—Puedo decir que tenemos una gran cantidad de personas bajo nuestra custodia que se ofrecen como voluntarios para el programa de trabajo.

—¿Para limpiar inodoros? ¿Eso es lo que está diciendo?

—No conozco todas las tareas que les asignan a estas personas, pero, repito, es voluntario.

¿Voluntario? No lo creo.

La respuesta más inaudita que obtuve durante mi visita a Otay Mesa fue cuando le hice al personal del centro de detención la pregunta que muchas personas me habían hecho: "¿Quién es el responsable de dirigir el proceso de reunificación de estas familias?". Se miraron perplejos unos a otros por unos instantes hasta que uno de ellos (aparentemente con más antigüedad que los demás) respondió: "Debo ser yo". Entonces, admitió que no tenía idea de cuál era el plan ni la situación de ningún esfuerzo de reunificación.

Más tarde nos enteramos de que los registros federales que vinculaban a los padres y los hijos habían desaparecido. En algunos casos, por razones desconocidas, en realidad habían destruido los registros. Cuando un tribunal federal dictaminó que las familias tenían que ser reunidas en un plazo de 30 días, los funcionarios gubernamentales tuvieron que recurrir a pruebas de ADN para intentar averiguar cuáles niños pertenecían a cada familia.

Antes de salir del centro de detención, les aseguré a las madres que no estaban solas, que había mucha gente apoyándolas y luchando por ellas, y que yo haría todo lo que estuviera en mi poder para ayudarlas. A medida que avanzaba por el largo camino hacia la salida, vi esa solidaridad personificada. Cientos de personas se habían reunido fuera de la verja, haciendo vigilias para apoyar a las familias. Personas de todas las edades y trasfondos —niños, estudiantes, padres y abuelos— habían viajado a Otay Mesa porque compartían la angustia y la pena de las madres detenidas adentro.

Me uní a la multitud de simpatizantes, muchos de los cuales portaban letreros. ESTAMOS CON USTEDES... LAS FAMILIAS DEBEN PERMANECER JUNTAS... NO NOS RENDIREMOS. Bajo el sol ardiente, le conté a la prensa lo que había visto.

—Estas madres han dado su testimonio, han compartido sus historias y son historias personales de abuso de derechos humanos cometidos por el gobierno de los Estados Unidos. Y nosotros no somos así y tenemos que combatirlo. Eso va en contra de todos los principios que valoramos y por los cuales nos sentimos orgullosos de ser estadounidenses. Pero no tenemos motivos para sentirnos orgullosos de esto.

Estas madres emprendieron un peligroso viaje a los Estados Unidos con sus hijos porque sabían que el peligro de quedarse en su patria era aún peor. Tienen el derecho ante la ley de solicitar asilo, pero, cuando llegan, las tildamos de delincuentes. Las tratamos como delincuentes. Eso no es ejemplo de una sociedad civil ni es ejemplo de compasión. El gobierno de los Estados Unidos ha sumido en la vergüenza al pueblo estadounidense.

Los valores que están en juego aquí son mucho más grandes que un debate sobre inmigración.

Nada hace que un niño se sienta más seguro que ser arropado por su padre o su madre al final del día, recibir un beso y un abrazo, que le lean un cuento antes de dormir, quedarse dormido con el sonido de su voz. Nada es más importante para un padre o una madre que hablar con sus hijos por la noche antes de que el niño se duerma, contestar sus preguntas, consolarlo y reconfortarlo si tiene miedo, asegurarse de que sepa que todo estará bien. Los padres y los niños en todas partes se identifican con estos rituales. Son parte de la experiencia humana.

Cuando comenzó la reunificación familiar, oímos historias horrendas que nos mostraron lo infames que han sido las acciones de esta administración. *Los Angeles Times* informó sobre un niño de tres años de edad que fue separado de su padre en la frontera. "De noche, algunas veces Andriy se despierta gritando en la litera que comparte con su madre y su hermanito". Vimos un video de un niño de seis años, Jefferson, cuando se reunía con su padre después de cerca de dos meses de separación. El cuerpo del niño estaba cubierto por una erupción; su cara presentaba moretones, su mirada estaba en blanco. Su padre lloraba, mientras envolvía al niño con su abrazo. Jefferson estaba frío y sin expresión. Supimos también, a través de *PBS NewsHour*, acerca de un bebé de 14 meses que fue devuelto a sus padres, después de 85 días, cubierto de piojos porque aparentemente no lo habían bañado. Es difícil imaginar algo más cruel que tan flagrante abuso infantil patrocinado por el estado.

Una sociedad es juzgada por la manera que trata a sus niños y la historia nos juzgará severamente por esto. La mayoría de los estadounidenses ya lo saben. La mayoría de los estadounidenses están consternados y avergonzados. Nosotros no somos así. Y tenemos que corregir los errores que ha cometido en nuestro nombre esta administración.

Siete

TODOS LOS CUERPOS

¿Cómo te vas adaptando? —le pregunté.

—Hasta ahora, bien, pero todavía no hemos pasado un invierno —me contestó Maya.

Corría el año 2008 y Maya estaba de visita de Nueva York, donde recientemente había aceptado un buen empleo con la Fundación Ford. Habíamos vivido en ciudades diferentes anteriormente, pero por muchos años nuestras casas estuvieron a una corta distancia en carro. Ahora, ella estaba a cerca de tres mil millas de distancia. Yo también me estaba adaptando.

Estábamos en un restaurante, esperando a mamá, quien nos había pedido que nos reuniéramos para almorzar. Las tres estábamos emocionadas de estar otra vez en la misma ciudad, aunque fuera por poco tiempo. Había pasado mucho tiempo desde la época de la llanura de Berkeley, pero todavía éramos Shyamala y las niñas.

—La fundación está haciendo cosas increíbles —me contó—. Y yo voy a…

Maya se detuvo a mitad de la oración. Estaba mirando por encima de mi hombro. Me volteé. Mamá acababa de entrar. La persona menos vanidosa que conozco parecía lista para una sesión de fotografía. Estaba vestida de seda brillante, maquillada (lo que nunca hacía), su cabello arreglado de peluquería. Mi hermana y yo nos miramos.

—¿Qué está pasando? —le dije gesticulando a Maya cuando mamá se acercaba a la mesa. Maya levantó una ceja y se encogió de hombros. Estaba tan confundida como yo.

Nos abrazamos y saludamos y mamá se sentó. Un camarero nos trajo una cesta con pan. Revisamos el menú y pedimos la comida, entre conversaciones superficiales.

Entonces, mi madre respiró hondo y extendió los brazos sobre la mesa hasta tocarnos.

—Me diagnosticaron cáncer de colon —anunció. Cáncer. Mi madre. No, por favor.

Aun ahora, solo recordarlo me llena de ansiedad y pavor. Fue uno de los peores días de mi vida.

Como bien sabía mi madre después de una vida examinando células cancerosas por el microscopio, no importa quiénes somos o de dónde venimos, nuestros cuerpos son, en esencia, iguales. Funcionan de la misma manera —y se descomponen también de la misma manera. Nadie se libra. En algún punto, todos tendremos que hacerle frente a una profunda interacción con el sistema de cuidado de la salud.

Ese razonamiento viene acompañado de mucho más: angustia, preocupación, depresión, miedo.

Y todo empeora por el hecho de que el sistema de cuidado de la salud estadounidense está maltrecho. Estados Unidos gasta más en el cuidado de la salud que ningún otro país desarrollado, en cambio, no somos más saludables. Por increíble que parezca, en muchas partes del país, la expectativa de vida —lo que esperamos vivir— se ha reducido. Mientras tanto, las familias trabajadoras están abrumadas por las facturas médicas, una de las principales causas de la bancarrota de muchos estadounidenses.

Admiro profundamente a los hombres y mujeres de la profesión médica. Para muchos de ellos, la vocación por la medicina surge de un genuino deseo por ayudar a los demás —desde ayudar a un bebé a llegar a este mundo hasta prolongar la vida de esa persona en la Tierra. Pero el enfoque del país hacia el cuidado de la salud ha creado una extraña división: somos la sede de las instituciones médicas más avanzadas del mundo, pero la forma en que pagamos por el cuidado de la salud impide que millones de estadounidenses tengan acceso equitativo a este derecho humano fundamental. ¿Cómo es eso posible?

La mayor parte del tiempo, cuando las personas visitan a un médico o pasan por un procedimiento médico, como una cirugía o rayos x, no pagan en el momento de recibir los servicios. No es como ir a una tienda de zapatos, comprar unos tenis y salir con ellos. La mayoría de nosotros paga por el cuidado de la salud a través de un intermediario: la aseguradora. Y la mayoría de los estadounidenses obtienen la cobertura de un plan médico para ellos y sus familias a través de sus empleos. Se paga una prima mensual, que es la factura mensual para tener la póliza de seguro, y un copago —$25, por ejemplo— cada vez que visita el consultorio médico. Dado que millones de personas aportan al fondo común, si uno tiene una enfermedad seria, el seguro comienza a pagar más por una atención más costosa.

Contrario a muchas otras naciones ricas, el gobierno de los Estados Unidos no ofrece cuidado de salud universal —seguro médico para todos los ciudadanos— con un par de excepciones: todos los ciudadanos de la tercera edad están cubiertos por Medicare y quienes tienen discapacidades graves o muy bajos ingresos son elegibles para el programa de Medicaid, que paga su cuidado de la salud.

Este sistema se creó con la idea de que las personas pudieran obtener una cobertura de seguro médico asequible para sí mismos y para sus familias a través de sus empleos. Sin embargo, durante los pasados treinta años, cada vez menos empresas han proporcionado seguro a sus trabajadores. Eso quiere decir que menos estadounidenses están cubiertos. Y cuando no tienes una cobertura de seguro médico, es menos probable que visites a un médico o que obtengas atención médica a menos que se trate de una emergencia. La mayoría de las personas que no tienen seguro no pueden pagar de su propio bolsillo los chequeos regulares que pueden detectar los problemas de salud antes de que se conviertan en enfermedades más difíciles de curar y más costosas para tratar. Incluso quienes tienen seguro han visto cómo sus primas aumentan más rápido que sus sueldos, lo que quiere decir que es más difícil que antes para ellos costear el cuidado de la salud. Un sistema en el cual el acceso a la atención médica depende de cuánto dinero ganes ha creado enormes desigualdades. Un estudio del 2016 reveló una brecha de 10 años en la expectativa de vida en los Estados Unidos entre las mujeres más ricas y las más pobres. Las mujeres más adineradas viven en promedio hasta los 89 años, mientras que las más pobres viven hasta cerca de los 79. Eso significa que ser pobre reduce la expectativa de vida más que pasarse la vida fumando cigarrillos letales.

La Ley de Cuidado de la Salud Asequible (*Affordable Care Act*, ACA), también conocida como Obamacare, tuvo éxito en hacer que el seguro médico fuera más accesible y económico al ofrecer créditos contributivos a quienes no podían pagar sus primas y ampliar el programa Medicaid para cubrir a millones de personas. Pero, después que fue aprobada, los líderes republicanos se empeñaron en sabotearla. Estaban jugando a la política con la vida de la gente —y lo siguen haciendo.

A partir de su aprobación, se han presentado más de cien demandas para impugnar la ACA. Los gobernadores republicanos de diecisiete estados evitaron que Medicaid se desarrollara para poder cubrir a más personas, con lo cual dejaron a millones de residentes de Florida, Texas, Missouri y Maine, entre otros, sin una cobertura económica. En varios estados, los legisladores republicanos incluso han aprobado leyes para limitar la capacidad de los funcionarios del cuidado de la salud para ayudar a las personas a inscribirse en los planes de seguro, a pesar de que existe una ley que dispone fondos específicamente con ese fin.

La nueva administración se unió a la batalla contra el cuidado de la salud asequible para todos los estadounidenses.

¿El resultado? Las primas están por las nubes, lo que obliga a personas de todas partes del país a renunciar por completo a su seguro médico.

Y eso fue además de los esfuerzos de los congresistas republicanos de revocar totalmente la ACA —más de 50 veces. En julio de 2017, únicamente tres votos detuvieron su ofensiva para acabar con Obamacare —pero indudablemente volverán a intentarlo. Si tienen éxito, decenas de millones de personas perderían su seguro médico. La revocación haría excesivamente caro el cuidado de la salud y dejaría fuera a la gente que más lo necesita.

Antes de la ACA, las aseguradoras decidían cuánto costaba una prima a base del riesgo que representaba una persona. Es una manera fría y calculadora de pensar acerca de nuestro prójimo. Si tienes una condición preexistente —asma o diabetes, por ejemplo— probablemente tienes que visitar el consultorio médico o adquirir más medicinas que una persona con una salud perfecta. Esto significa que la aseguradora tendrá que pagar más por ti. Durante años, eso significaba a su vez que las aseguradoras te cobraban más o simplemente te negaban la cobertura. Mucha gente enferma no podía recibir atención médica. Revocar la ACA permitiría que las aseguradoras lo hagan de nuevo.

Y no creerían algunas de las cosas que se consideran condiciones preexistentes.

A principios del 2011, justo después de ser electa fiscal general de California, visité a mi dentista para un chequeo. La higienista dental, Chrystal, y yo nos conocíamos de visitas anteriores y hacía algún tiempo que no la veía. Chrystal me preguntó cómo estaba y le dije que había ganado. Yo le pregunté cómo le había ido y me dijo que estaba embarazada. Era una excelente noticia.

Como higienista dental, ella trabajaba para varios dentistas diferentes, pero no se la consideraba empleada de tiempo completo de ninguno de ellos. Esto fue antes de estar en vigor ACA, así que Chrystal tenía un seguro privado con la cubierta básica únicamente— el plan más económico que podía pagar, suficiente para cubrir sus chequeos anuales. Cuando Chrystal se enteró de que estaba embarazada, fue a su aseguradora para solicitar cobertura prenatal. Para tener un bebé sano, necesitaría visitar a su médico más de una vez al año.

Se la negaron. La aseguradora le dijo que ella tenía una condición preexistente. Yo me alarmé.

—Pero, ¿estás bien? ¿Qué tienes? —le pregunté—. ¿Cuál es la condición preexistente?

Y me explicó que era que estaba embarazada. Esa fue la

razón por la cual la aseguradora la rechazó. Cuando solicitó seguro a otra compañía, otra vez se lo negaron por la misma razón. Su condición preexistente era su embarazo. Yo no podía creer lo que estaba oyendo.

Esta joven embarazada tuvo que esperar seis meses para que le realizaran un sonograma para asegurarse de que su embarazo estaba bien. Afortunadamente, pudo obtener el cuidado prenatal en una clínica gratuita de San Francisco. Gracias a Dios, Chrystal tuvo un bebé fuerte y hermoso llamado Jaxxen y ambos están muy bien.

Pero, pensemos en esto por un momento. Este es el mundo al que podríamos volver si abolieran la ACA: mujeres a quienes se les niega cobertura de cuidado de la salud para la continuación de la especie humana. Recordemos las palabras de Mark Twain: "¿Qué sería de los hombres de esta tierra sin las mujeres, señor? Pues, serían muy escasos, señor, sumamente escasos".

La Ley de Cuidado de la Salud Asequible brindó mucho alivio, pero el cuidado de la salud todavía es demasiado costoso para las familias trabajadoras.

Si alguna vez has tenido una infección de oído o una tos muy fuerte, probablemente hayas tenido que tomar medicamentos recetados. Los necesitamos para mejorar, para evitar que se propaguen las infecciones a otras personas y para salvar vidas. Sin embargo, en comparación con las personas en otros países ricos, los estadounidenses afrontan precios extremadamente altos en los medicamentos recetados. En el 2016, por ejemplo, la misma dosis de Crestor, un medicamento para tratar el colesterol alto, costaba un 62 por ciento más en los Estados Unidos de lo que costaba al cruzar la frontera a Canadá. Este es el caso con todos los fármacos. Tres de cada cinco estadounidenses toman medicamentos recetados, pero uno de cada cuatro no puede costearlos.

Y los fabricantes de fármacos continúan aumentando los precios sin preocupación.

Tomemos como ejemplo la compañía farmacéutica Mylan. Mylan aumentó el precio de EpiPen —un tratamiento de emergencia para personas que tienen alergias tan graves que amenazan su vida— en alrededor de un 500 por ciento en un período de siete años. Desde octubre de 2013 hasta abril de 2014, la compañía infló el precio del Albuterol, un tratamiento común para el asma, de $11 a $434. Sin este fármaco, los asmáticos no pueden recibir suficiente oxígeno en sus cuerpos. No hay que ser fiscal para ver que algo está mal en un aumento de precio del 4,000 por ciento.

Los medicamentos recetados no son artículos de lujo. Todo lo contrario. ¡No queremos necesitarlos! Nadie anhela ser alérgico al maní o padecer de asma. Siempre recordaré el terror que sentí cuando mi sobrina, Meena, tuvo un ataque de asma en su infancia tan fuerte que Maya tuvo que llamar al 911. Es insensible e injusto que las compañías ganen una fortuna aprovechándose del hecho de que sus clientes literalmente no pueden vivir sin sus productos.

La carga del alto precio de los medicamentos está agobiando a demasiados compatriotas estadounidenses, quienes tienen que elegir entre tomar las medicinas que necesitan o comprar otros artículos de primera necesidad, incluyendo los alimentos.

Para el tratamiento contra el cáncer de mi madre, pasamos por una penosa rutina. Durante el día, la llevaba al hospital para recibir su quimioterapia. Veíamos muchas veces a las mismas personas —hombres y mujeres de todas las edades, conectadas a una máquina que infundía fármacos tóxicos a sus cuerpos con la esperanza de que les salvaran la vida. Se daba una extraña familiaridad, un sentido anormal de normalidad. Si era necesario, yo la dejaba allí y la recogía cuando terminaba la quimio, pero ambas preferíamos que yo me quedara allí para acompañarla. Algunas veces, la quimioterapia le quitaba el apetito. Otras veces, tenía hambre y yo le conseguía unos *croissants* que le encantaban de una repostería cercana. Más de una vez, tuvo que ser hospitalizada por complicaciones y recuerdo muchos días y noches duras bajo esas luces fluorescentes. Cuando mi madre se quedaba dormida, yo caminaba por los largos pasillos y echaba una ojeada en las habitaciones por las que pasaba. Algunas personas levantaban la vista, otras no. Y, con demasiada frecuencia, estaban allí tirados solos. Salí de esa experiencia convencida de que nadie debe tener que enfrentarse a una hospitalización sin apoyo —y muchos lo hacen.

El caso de mi madre podía sentirse abrumador. La quimioterapia te consume; a menudo mi madre estaba tan exhausta que no podía hacer otra cosa que dormir. Mientras tanto, había tantos medicamentos, posibles efectos secundarios y cosas de las cuales llevar cuenta. ¿Qué pasaba si tenía una reacción adversa a un nuevo medicamento, como ocurrió en más de una ocasión? Yo tenía que coordinar su cuidado, asegurarme de que sus médicos se comunicaran entre sí y asegurarme de que ella recibiera el tratamiento adecuado. Muchas veces, me preguntaba qué habría sucedido con mi madre si nosotros no hubiéramos estado allí para hablar en su nombre.

Salí convencida de que todos los pacientes merecen tener defensores con conocimientos médicos de modo que cualquiera que esté lidiando con una enfermedad grave tenga a su lado a un paladín capaz y confiable. Después de todo, hemos decidido que, cuando la libertad está en juego, las personas tienen derecho a tener un abogado. Lo hacemos porque entendemos que la mayoría de las personas no hablan el lenguaje de los tribunales e, incluso si lo hacen, en situaciones de mucha presión es difícil saber cómo actuar. Lo mismo ocurre en un hospital. Las emociones están a flor de piel. Las personas están en un nuevo entorno donde se habla un lenguaje especializado, con términos y frases complejos y desconocidos. Y puede que tengan que tomar decisiones estando asustados o adoloridos o medicados —o las tres cosas. Se espera que sean lo suficientemente fuertes como para monitorearse ellos mismos en momentos en que se sienten profundamente vulnerables. Debemos tener expertos defensores para ayudar de modo que los pacientes y sus familias puedan concentrarse en recuperarse.

Debemos hablar también de la desigualdad racial en nuestro sistema de cuidado de la salud. De acuerdo con un informe del 2015, los estadounidenses de la raza negra tienen más probabilidades de morir que cualquier otro grupo en ocho de las 10 principales causas de muerte. En el 2013, los Centros para el Control y la Prevención de Enfermedades anunciaron que los estadounidenses negros son más propensos que los estadounidenses blancos a morir de enfermedades cardíacas, cáncer y diabetes (entre otros padecimientos) y que sus expectativas de vida son 3.8 años menos que las de los estadounidenses blancos.

En ciudades marginadas como Baltimore, hay una brecha de 20 años en la expectativa de vida entre las personas que viven en los barrios pobres de estadounidenses negros y los residentes de las áreas de blancos y ricos. "Un bebé que nace en Cheswolde, en la esquina noroeste de Baltimore, puede esperar vivir hasta los 87 años de edad", escribe Olga Khazan en *The Atlantic*. "A nueve millas de distancia, en Clifton-Berea, la expectativa de vida es de 67 años, aproximadamente la misma que en Ruanda [en África], y doce años menos que el promedio en los Estados Unidos".

Estas discrepancias comienzan en la sala de partos. Los bebés negros tienen el doble de las probabilidades de los bebés blancos de morir en la infancia, una perturbadora brecha incluso más amplia que en 1850, cuando la esclavitud todavía era legal. De hecho, actualmente los bebés negros tienen menos probabilidades de sobrevivir su primer año que las que tenían los bebés blancos a principios de la década de 1980.

Las mujeres negras también tienen al menos tres veces más probabilidades de morir debido a complicaciones relacionadas con el embarazo que las mujeres blancas —un abismo chocante que aplica de igual manera a las mujeres ricas y educadas que a las que no son ni una cosa ni la otra. Un importante estudio de cinco años de duración en la Ciudad de Nueva York reveló que las mujeres negras con estudios universitarios tienen más probabilidades de tener complicaciones graves durante el embarazo o el parto que las mujeres blancas que nunca terminaron la preparatoria.

Hay varios factores que ponen en desventaja a los hombres, mujeres y niños negros. Cientos de años de discriminación contra los estadounidenses negros en todas las áreas imaginables de la vida —dónde podían vivir, quién podía contratarlos, la calidad de las escuelas en sus barrios— han dado lugar a que los estadounidenses negros tiendan a vivir en vecindarios pobres con opciones limitadas de alimentos sanos y menos recursos comunitarios para el cuidado de la salud.

Y, como es más probable que los estadounidenses negros nazcan y crezcan en vecindarios con bajos ingresos y altas tasas de criminalidad que sus contrapartes blancos, son más propensos a experimentar un fenómeno que se conoce como estrés tóxico causado por ser testigo o víctima de la violencia. Como descubrió otro investigador, este estrés "se mete debajo de la piel y tiene el potencial de cambiar nuestra salud".

Un estudio halló que los niños que tienen como mínimo seis experiencias traumáticas en la niñez tienen vidas más cortas —¡hasta 20 años menos! El estrés aumenta la presión arterial, lo que es dañino —incluso mortal— para las mujeres embarazadas y sus bebés. El estrés nos hace envejecer más rápido. Las investigaciones han revelado que las mujeres negras eran siete años más viejas desde el punto de vista biológico que las mujeres blancas de la misma edad.

Además, los estadounidenses negros reciben un cuidado más deficiente cuando van al médico. Los pacientes blancos tienen un 10 por ciento más de probabilidades que los pacientes negros de que se les haga la prueba de colesterol, aun cuando las tasas de enfermedad cardíaca y apoplejías o derrames cerebrales, a menudo causados por el colesterol alto, son mayores entre los estadounidenses negros.

Además, es menos probable que los pacientes negros sean tratados con procedimientos para reparar las arterias obstruidas. Es más probable que las mujeres blancas se realicen pruebas de detección del cáncer de seno que las mujeres negras y las latinas. Y las mujeres de color están más expuestas a que los médicos descarten sus síntomas, sin importar su situación económica.

Cuando la estrella del tenis Serena Williams, una de las mejores atletas de todos los tiempos, dio a luz tuvo graves complicaciones. El día después del parto, Williams comenzó a tener problemas para respirar. Ella había tenido antecedentes de coágulos de sangre en la arteria pulmonar, así que sospechó que se trataba de otro. Ella le contó a la revista *Vogue* que salió de su habitación en el hospital para que su mamá no se preocupara y le dijo a la enfermera que necesitaba una tomografía computarizada (CT) y anticoagulantes de inmediato. Pero la enfermera estaba escéptica y el médico ordenó otro procedimiento. Williams insistió.

Cuando finalmente le realizaron la tomografía, descubrieron que ella tenía razón. "Yo les dije, ¡escuchen a la Dra. Williams!" le contó a *Vogue*. Tuvo complicaciones adicionales que requirieron cirugía y estuvo postrada en cama durante seis semanas. Si alguien como Serena Williams puede pasar por esa odisea, imagínense qué les pasa a otros pacientes quienes conocen los síntomas que están experimentando, pero nadie les hace caso.

¿Cómo se explican estas desigualdades en el cuidado de nuestros conciudadanos? Una creciente cantidad de investigaciones sugieren que parte del problema son los prejuicios inconscientes e implícitos. Todos nosotros absorbemos las premisas y los estereotipos sociales, con frecuencia sin darnos cuenta. Pero, si los dejamos sin analizar, corremos el riesgo de que nos arrastren a una conducta discriminatoria, lo cual puede tener consecuencias graves.

¿Cómo ponemos fin a la división? Primero, tenemos que

decir la incómoda verdad de que existe, después, podemos desglosar las partes del problema para poder abordarlas una por una. Antes que nada, necesitamos que todas las escuelas de medicina del país exijan que sus estudiantes se eduquen sobre el prejuicio implícito. Cuando las personas tienen el conocimiento de que el prejuicio implícito es real, de que todos lo tenemos, eso les da oportunidad de pensar en eso en sus acciones diarias y tomar mejores decisiones.

Además, necesitamos que las escuelas de medicina aporten más diversidad al campo. En el 2013, únicamente alrededor del 9 por ciento de los médicos del país no eran blancos y solo el 4 por ciento eran negros. Esta es la primera brecha que debemos cerrar si pretendemos cerrar las demás. No será fácil. Será un reto generacional. Pero es momento de comenzar.

No obstante, en esencia, mejorar los resultados de salud en todas partes exige que transformemos el sistema de cuidado de la salud. Necesitamos *Medicare para Todos*, un nuevo sistema donde todas las personas, no únicamente las de la tercera edad, puedan obtener un seguro médico a través de Medicare.

Imaginemos que la cobertura del cuidado de la salud en los Estados Unidos no se base en cuánto puedes pagar, sino en tus necesidades de salud. Enfermarse ya no implicaría tener que pagar más dinero del que tu familia puede costear. Las empresas ya no tendrían que gastar tanto para proporcionar un seguro médico a sus empleados. Y el sistema funcionaría con más eficiencia.

Hay otras formas fundamentales de mejorar nuestro sistema de salud y una de las más importantes es mantenernos a la vanguardia de la investigación médica. Eso significa que tenemos que aumentar considerablemente los fondos a los Institutos Nacionales de la Salud (National Institutes of Health, NIH). Mi madre trabajó allí con otros investigadores. Hablaba con tanta admiración sobre esos tiempos que, de niña, yo me imaginaba a Bethesda, Maryland, donde está ubicada la agencia, como un lugar encantado lleno de castillos y chapiteles. Puede que me haya equivocado en cuanto a la arquitectura, pero no acerca de la belleza de la colaboración científica —y, por supuesto, tampoco sobre el hecho de que NIH es un tesoro nacional. Si queremos que nuestros hijos tengan cura para las enfermedades más terribles de la humanidad, debemos invertir en nuestros investigadores médicos nacionales.

Nuestro país tiene los mejores profesionales médicos, los científicos médicos más innovadores y la tecnología más avanzada. Pero todas estas maravillas están fuera del alcance de demasiados estadounidenses. La tarea más apremiante que tenemos por delante es la de poner en práctica políticas como

Medicare para Todos, abrir las puertas de nuestro extraordinario sistema de cuidado de la salud a todos, sin importar su raza o su situación económica. Con esfuerzo y voluntad política, podemos reparar nuestro deteriorado sistema. Los estadounidenses están listos.

Días antes de prestar juramento como senadora, leí una reseña periodística sobre Chillicothe, Ohio, una pequeña ciudad en el condado de Ross del sureste de Ohio. Está ubicada en la falda de los Apalaches, con extensos campos de soya y maíz y un horizonte marcado por las chimeneas de una fábrica de papel que ha operado ininterrumpidamente durante más de cien años. Kenworth tiene su planta manufacturera de camiones más grande en Chillicothe y paga buenos salarios. El hospital local es una de las empresas que más personas emplea en el condado. Pero la espléndida historia y el orgullo que una vez definió este pueblo ha dado paso a un sentimiento de desesperanza.

Setenta y siete mil personas residen en el condado de Ross. En el año 2015 solamente, los médicos del condado recetaron 1.6 millones de opioides. Los opioides son potentes calmantes que están relacionados con la heroína. Son altamente adictivos y sumamente peligrosos. Ese mismo año, 38 personas murieron por sobredosis accidental. Al año siguiente, perdieron la vida otras 40. Cuando los opioides escasean —digamos que un médico no los receta más o resulta muy caro comprarlos en la farmacia— las personas con la adicción recurren a la heroína, una droga que mayormente se inyecta usando una aguja, para que llegue directamente a las venas. "Ahora, puedes conseguir heroína en estas comunidades más rápido que una pizza", dijo Teri Minney, jefa del proyecto Heroin Partnership del condado de Ross a *The Washington Post*. "Te la llevan donde quieras". De acuerdo con el *Post*, los adictos en el condado de Ross a menudo se inyectan en lugares públicos, con la esperanza de que, si tienen una sobredosis, los paramédicos o los oficiales de la policía los revivirán. "Un día de septiembre, la policía y los paramédicos respondieron a trece llamadas separadas de sobredosis, incluyendo una fatalidad: un hombre que murió en un apartamento justo en Main Street. Mientras tanto, una mujer tomó una sobredosis dentro de su carro, estando parado en una estación de gasolina de Valero, con su hijita de dos años en el asiento trasero".

Al igual que ha ocurrido en otras áreas donde hay un uso excesivo de opioides, la tasa de delitos violentos, tales como robos, se ha disparado. De la misma manera, la cantidad de bebés que nacen adictos a los opioides y de niños que han tenido que ser apartados de sus hogares y colocados en cuidado temporal. De acuerdo con los funcionarios locales, 200 niños pasaron a manos del estado en 2016, los padres de tres cuartas partes de ellos eran adictos a los opioides. Lo que una vez fue uno de los lugares más felices de Ohio está ensombrecido por una nube de desesperanza.

Historias similares se están repitiendo en todos los estados de la nación. El número de víctimas ha estremecido los cimientos del país. Comunidades enteras se han destruido.

La epidemia de los opioides ha matado a más de 350,000 estadounidenses en las pasadas dos décadas. Pero la crisis de salud nacional a la cual nos enfrentamos es en sí misma el resultado del fracaso de la intervención de la salud pública desde el momento en que se aprobó para la venta el opioide OxyContin.

En 1996, los ejecutivos de la compañía Purdue Pharma, los fabricantes de OxyContin, testificaron en el Congreso que el fármaco no era adictivo realmente. Empezaron a comercializarlo como un medicamento seguro para combatir el dolor, a pesar de que los directivos de la compañía habían recibido información de personas que trituraban y esnifaban las pastillas y que algunos médicos habían sido acusados de vender recetas a los pacientes adictos. Cada año, los médicos recetaban más y más OxyContin.

Para el 2012, dieciséis años después de que OxyContin llegara al mercado, los proveedores de cuidado de la salud habían escrito 259 millones de recetas médicas para opioides. Para ponerlo en perspectiva, hay cerca de 126 millones de hogares en los Estados Unidos.

De acuerdo con los Institutos Nacionales de la Salud, cerca del 80 por ciento de los estadounidenses que se volvieron adictos a la heroína comenzaron con una receta médica para opioides. El peligro empeoró en el 2013, cuando el fentanilo, un opioide sintético altamente letal que es 50 veces más potente que la heroína, se abrió camino desde China al suministro de heroína estadounidense.

¿Cómo respondió el gobierno federal? No de la manera que hubiésemos esperado.

En el 2017, la administración declaró que la crisis de los opioides era una emergencia de salud pública, pero el fondo que usaron para lidiar con ella tenía únicamente —no estoy bromeando— $57,000. Eso es más o menos la cuarta parte de lo que costaría comprar una casa —una sola casa— en Estados Unidos y ni siquiera pagaría dos años en una universidad privada para un estudiante. Eso representa menos de un dólar por cada persona que murió de una sobredosis de drogas ese año. Es absurdo. Y, si los republicanos hubieran tenido éxito en revocar la Ley de Cuidado de la Salud Asequible, le habrían quitado la cobertura del tratamiento contra la adicción a tres millones de estadounidenses.

Esta es una crisis que merece una movilización federal importante. Necesitamos declarar un estado de emergencia nacional, lo cual proporcionaría de inmediato más fondos para ayudar a combatir esta enfermedad —y darles a lugares como Chillicothe, Ohio, más recursos para pagar el tratamiento contra la adicción, los servicios hospitalarios, la enseñanza de las aptitudes necesarias y mucho más.

Finalmente, necesitamos entender que, en esencia, este es un problema de salud pública. Es normal en el comportamiento humano querer dejar de sentir dolor, ya sea físico o emocional, y las personas buscarán la forma de hacerlo. Algunas veces, eso significa buscar ayuda, otras veces, significa enviciarse con la heroína. Nuestro deber no es castigar a nuestros amigos, familiares y vecinos arrojándolos a la cárcel por ser adictos a las drogas sino llevarlos por un camino sano para manejar mejor su dolor.

Cuando la condición de mi madre empeoró, ella necesitaba más cuidados de los que nosotros podíamos brindarle. Queríamos contratar una asistente de salud en el hogar para que nos ayudara a ella y a mí. Pero mi madre no quería ayuda.

"Estoy bien, no necesito a nadie", decía, aun cuando apenas podía levantarse de la cama. Era una pelea fácil de ganar, pero yo preferí evitarla. El cáncer —la enfermedad que ella había dedicado su vida a derrotar— estaba ahora causando estragos en ella. Su cuerpo estaba cediendo. Los medicamentos le impedían funcionar bien, ser ella. Yo no quería ser quien la despojara de su dignidad.

Así que nos arreglamos solas lo mejor que pudimos. Yo le preparaba comidas elaboradas y llenaba la casa con los aromas de mi niñez que nos hacían recordar tiempos más felices. Cuando yo no estaba en la oficina del fiscal de distrito, la mayor parte del tiempo estaba con ella, haciéndole cuentos, sosteniendo sus manos, ayudándola a pasar la angustia de la quimioterapia. Le compré sombreros cuando perdió el cabello y ropa suave para que estuviera lo más cómoda posible.

Aprendí que no existe algo así como un deterioro tranquilo y regular. El proceso no es gradual. Mi madre se estabilizaba y permanecía en esa meseta durante semanas o meses, entonces, de la noche a la mañana, caía a otro nivel más bajo. Durante un período particularmente difícil, la convencí de pasar dos semanas en un hogar conocido por brindar el mejor y más amable de los cuidados —Jewish Home for the Aged—, donde ella podía recibir la atención que necesitaba las 24 horas. Recogimos todo y fuimos manejando al hogar. El personal fue sumamente atento con nuestra familia. Le enseñaron el lugar, la llevaron a su habitación, le presentaron a los médicos y a las enfermeras y le explicaron la rutina de su cuidado.

En un momento dado, una de las doctoras me llamó aparte.

—¿Cómo está mi fiscal de distrito? —preguntó.

La pregunta me tomó desprevenida. Estaba preguntando por mí. Yo había estado tan enfocada en el bienestar de mi madre que no tenía espacio para nada más. Pero la pregunta agrietó la fortaleza de la que me había revestido. Me quedé sin habla. Estaba asustada. Estaba triste. Pero, sobre todo, no estaba lista.

Me preguntó si yo había oído hablar sobre la "aflicción anticipatoria". No lo había hecho, pero el término tenía sentido. Parte de mí estaba en negación. No podía pensar que iba a tener que decir adiós. Pero, en el fondo, lo sabía. Y ya había comenzado a llorar la pérdida de mi madre. Hablar con la doctora me ayudó a entender lo que me estaba pasando. He aprendido que dar un nombre a las cosas puede ayudar a lidiar con ellas. No dejas de sentir tus emociones, pero puedes ponerlas en su lugar si las puedes nombrar. Y ahora yo podía hacerlo.

Contemplando el futuro.

Aquí estoy con mi padre, cuando yo tenía 9 meses de nacida.

A los dos meses de edad, con mi madre.

Cuando tenía 10 meses de edad visité
Jamaica. Aquí estoy con mi madre y mi
abuelo por parte de padre.

Maya y yo en un paseo con mi madre
en Madison, Wisconsin.

Maya y yo adorábamos las Navidades.
En esta foto, yo tengo 4 años y ella, 2.

Con mis primos en Jamaica.

Saboreando un helado en Harlem, donde estaba visitando a mi tío Freddy.

Aquí tenía alrededor de 8 años, en el laboratorio
de mamá. A menudo ella me llevaba a su trabajo
en los fines de semana o después de clases.

A Maya y a mí nos encantaba bailar —todavía nos encanta.

Mis abuelos por parte de mamá vinieron a visitarnos cuando yo tenía 8 años de edad.

Esta soy yo a los 12 años.

Siempre me encantaron los carruseles.

Mis amigas y yo en la graduación de
la escuela de Derecho.

Mi esposo Doug y yo en el
parque de pelota.

En mi graduación de la escuela de
Derecho, con mi maestra de primer
grado, la Sra. Wilson, y mi mamá.

Con la Sra. Shelton en su cocina.

Juramentando mi segundo término como Fiscal General de California. Doug sostiene la Biblia.

Frente al autobús Kamoji durante mi campaña al Senado.

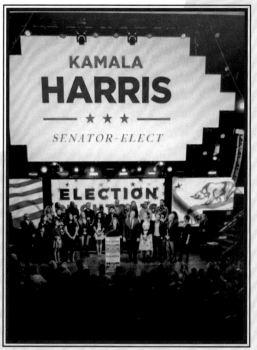

La noche de las elecciones para el Senado de los Estados Unidos.

Con mi mamá en el desfile del Año Nuevo chino. Ella iba conmigo a muchas actividades.

Tuve el honor de dar un mensaje a los estudiantes de la Universidad de Howard.

Cuando terminó el recorrido, abrí la maleta de mi madre para ayudarla a acomodar sus cosas. Pero ella tenía otros planes. Estaba sentada con las piernas cruzadas sobre la cama cuando me dijo con firmeza:

—Bueno, esto estuvo bien. Vámonos.

—Mami, vas a quedarte aquí dos semanas, ¿recuerdas?

—No, no me voy a quedar, nones. No me voy a quedar aquí por dos semanas. —Se volvió al grupo de médicos que estaban todavía en la habitación—. Ha sido excelente. Muchas gracias. Ya nos vamos.

Y nos fuimos.

Poco tiempo después, fue a parar al hospital. Fue entonces que comencé a ver otro cambio. Desde que tengo uso de razón, a mi madre le encantaba ver las noticias y leer el periódico. Cuando Maya y yo éramos niñas, ella insistía en que nos sentáramos cada noche a ver las noticias por la televisión antes de cenar. Le gustaba digerir todo lo que estaba ocurriendo en el mundo. Pero, de repente, no le interesaba. Su potente cerebro había decidido que ya era suficiente. Pero todavía tenía espacio para nosotras.

Recuerdo que acababa de postularme para fiscal general y ella me preguntó cómo iban las cosas.

—Mami, esos tipos dicen que me van a dar una paliza.

Mi madre estaba recostada de un lado. Se volteó, me miró y me mostró su mejor sonrisa. Ella sabía a la clase de persona que había criado. Ella sabía que su espíritu de lucha estaba vivito y coleando dentro de mí.

Después, llegó el momento del cuidado de hospicio, una ronda final de cuidados paliativos al final de la vida de un paciente para mantenerlo tan cómodo y libre de dolor como sea posible. La llevamos a casa y finalmente, dejó que una enfermera viniera con nosotros. Maya y yo todavía no creíamos que ella pudiera morir, hasta el punto que cuando ella dijo que quería ir a la India, reservamos los pasajes y comenzamos a hacer planes. Pensamos cómo la montaríamos en un avión e hicimos los arreglos para que una enfermera nos acompañara. Estábamos viviendo una falsa ilusión —particularmente yo. No podía soportar la idea de decirle que no a mi madre —no porque ella no pudiera sobrellevarlo, sino porque yo no podía. No importa si se trataba de tener una enfermera en casa o de quedarse en el hogar de ancianos o de viajar a India, yo no quería aceptar lo que significaba el decirle que no. Yo no quería aceptar que se le estaba acabando el tiempo.

Una noche, estábamos todas en casa de mamá cuando llegaron la tía Mary y la tía Lenore, que habían tomado un vuelo para visitarla. Decidí volver a cocinar. Nunca olvidaré esa noche —estaba preparando un estofado de carne. Había dorado los pedazos de carne y se estaban cocinando en vino tinto y, de repente, mi cerebro se dio cuenta de lo que estaba pasando a mi alrededor. Comencé a hiperventilar —respiraciones cortas y frecuentes. Sentí que me desmayaba. De repente, tuve que enfrentarme a la realidad. Estaba a punto de perder a mi madre y no podía hacer nada para evitarlo.

Llamamos a nuestro tío en India para informarle que ella estaba demasiado enferma para ir. Él tomó un vuelo de Delhi para verla. Ahora me doy cuenta de que ella estaba esperando su llegada para poder despedirse. A la mañana siguiente, falleció.

Una de las últimas preguntas que le hizo a la enfermera, la última preocupación en su mente, fue: "¿Mis hijas van a estar bien?". Hasta el final de sus días, su vida giró en torno a su papel de madre.

La echo de menos todos los días, pero la llevo conmigo a dondequiera que voy. Pienso en ella todo el tiempo. Algunas veces, miro arriba y le hablo. La amo tanto. Y no hay título ni honor sobre la tierra que atesore más que decir que soy la hija de Shyamala Gopalan Harris. Esa es la verdad que más valoro.

EL COSTO DE VIDA

Cuando pienso en mi madre ahora, una de las imágenes más claras que me vienen a la mente son sus manos —siempre en movimiento, siempre productivas.

A mamá le encantaba hablar con las manos y siempre las estaba usando —para cocinar, limpiar, consolar. Siempre estaba ocupada. El trabajo en sí mismo era algo valioso, particularmente el trabajo duro; y ella se aseguró de que nosotras, sus hijas, asimiláramos ese mensaje, así como la importancia de trabajar con un propósito.

Cuando Maya y yo éramos pequeñas, nos encantaba ver televisión. Para asegurarse de que no desperdiciáramos el tiempo sentadas frente a la pantalla chica, mi madre nos enseñó a tejer crochet. Así manteníamos las manos ocupadas, aunque no despegáramos los ojos del televisor. No hace falta decir que nunca más se perdió el tiempo: creamos montañas de agarraderas y tapices bordados para la pared.

Nos enseñó también, de muchas maneras, cómo valoraba todo el trabajo, no solo el suyo. Cuando ocurría algo bueno en el laboratorio, mi madre llegaba con flores para nuestra niñera.

—Yo no hubiera podido hacer lo que hice si tú no hubieras hecho lo tuyo —le decía—. Gracias por todo.

Ella veía la dignidad del trabajo que la sociedad necesita para funcionar. Ella creía que todos merecen respeto por el trabajo que realizan y que el esfuerzo debe ser recompensado y respetado.

Eso también lo oí en Rainbow Sign, donde los oradores hablaban sobre la Campaña de los pobres del Dr. Martin Luther King Jr., sobre su convicción de que "todo trabajo tiene dignidad" y sus esfuerzos para lograrlo.

Como parte de ese esfuerzo, el Dr. King viajó a Memphis en 1968 para unirse a la lucha por el decoro y los derechos básicos de los trabajadores negros de la limpieza. Día tras día, estos obreros se montaban en los camiones que recogían la basura de la ciudad. Pero la ciudad no les proporcionaba uniformes. Los trabajadores se veían obligados a ensuciar su ropa en el trabajo. Trabajaban largas horas sin agua para beber ni un lugar donde lavarse las manos. "La mayoría de los contenedores tenían agujeros" relata un trabajador. "La basura goteaba sobre uno". Él describía cómo los trabajadores llegaban a sus casas de noche, se quitaban los zapatos y la ropa en la puerta y caían los gusanos.

Por este trabajo duro y primordial, recibían un poco más del salario mínimo, el sueldo más bajo posible que el gobierno permite pagar a los patronos. No les pagaban las horas extras. No tenían derecho a permiso por enfermedad. Si se lesionaban en el trabajo y necesitaban tiempo para recuperarse —como sucedía con frecuencia— era probable que los despidieran. Y si el mal tiempo impedía que se recogiera la basura, los enviaban a casa sin pago. Muchos no ganaban lo suficiente para alimentar a sus familias.

Cuando la ciudad se rehusó a pagar a las familias de dos trabajadores quienes murieron aplastados por el compactador de basura, la situación se tornó insoportable para los demás. Con una valentía extraordinaria, 1,300 trabajadores de recogida de la basura de Memphis se declararon en huelga y se negaron a trabajar mientras exigían mejores condiciones, mejor salario y beneficios y el reconocimiento de su sindicato. Estaban en huelga por sus familias, por sus hijos y por ellos mismos. Era, sobre todo, una batalla por la dignidad. Los letreros que llevaban en las marchas decían simplemente *I AM A MAN* (Soy un hombre).

Cuando el Dr. King llegó al templo del obispo Mason, en

Memphis, el 18 de marzo de 1968, una multitud de 25,000 personas se había reunido para oírlo hablar.

"Con frecuencia pasamos por alto el trabajo y la importancia de aquellos que no tienen una profesión, de aquellos que no ostentan los llamados grandes empleos. Pero les digo que toda labor que enaltece a la humanidad tiene dignidad e importancia."

"Estamos cansados", dijo King a la multitud en Memphis. "Cansados de que nuestros hijos estén hacinados en escuelas inferiores y de mala calidad. Estamos cansados de tener que vivir en condiciones infrahumanas, entre ruinas... Estamos cansados de caminar por las calles en busca de empleos que no existen... de trabajar hasta el cansancio y no tener un sueldo adecuado para satisfacer las necesidades básicas de la vida."

Dieciséis días después, el Dr. King regresó a Memphis para marchar en representación de los huelguistas y otra vez habló en el Templo Mason, donde declaró: "He estado en la cima de la montaña". Al día siguiente, el 4 de abril de 1968, fue asesinado. Dos meses más tarde, el 5 de junio, Robert F. Kennedy, hermano del difunto presidente John F. Kennedy, también fue ultimado. Las voces más claras y los líderes más fuertes de la lucha por la justicia económica han sido silenciadas de repente y para siempre.

Eso fue hace medio siglo. En algunos sentidos, hemos llegado lejos desde entonces, pero, en otros, apenas nos hemos movido. Les recuerdo a las personas que, cuando hacemos los ajustes por la inflación —el aumento gradual de los precios conforme pasa el tiempo— el salario mínimo federal es realmente más bajo que cuando el Dr. King hablaba de "sueldo de hambre" en 1968. ¿Qué nos dice eso sobre la manera en que nuestro país valora la santidad y la dignidad del trabajo?

Los estadounidenses son gente muy laboriosa. Nos sentimos orgullosos de nuestra ética laboral. Durante generaciones, la mayoría crecimos pensando que pocas cosas son más honorables que culminar un día de trabajo para atender las necesidades de nuestra familia. Nos criaron confiando en que, si trabajábamos duro y lo hacíamos bien, seríamos recompensados por nuestro esfuerzo. Pero, la verdad es que, para la mayoría de los estadounidenses, no ha sido así por demasiado tiempo ya.

Cada vez que surge un esfuerzo importante para presionar al Congreso a hacer lo correcto, los activistas y líderes electos le ruegan al pueblo estadounidense que llame y escriba a sus representantes. En estos días, las líneas telefónicas se inundan de llamadas de estadounidenses involucrados en algo extraordinario: ejercer la democracia. Y eso realmente marca la diferencia. Creo que la tentativa republicana de derogar la Ley de Cuidado de la Salud Asequible fracasó en el 2017 porque indignó y motivó a la gente a contraatacar y, gracias a la presión sobre senadores clave, el pueblo prevaleció. Eso significa que millones de personas todavía tienen cobertura médica porque estadounidenses particulares —adultos y niños— levantaron el teléfono y escribieron cartas.

Para mí, leer estas cartas no se trata únicamente de entender la opinión de las personas sobre asuntos importantes de política pública. Se trata de entender cómo son sus vidas, tanto sus alegrías como sus temores. Cuando las personas me escriben, a menudo es su último recurso. Tienen dificultades y problemas serios, pero nada de lo que han intentado ha funcionado. Así que acuden a mí y comparten conmigo las preocupaciones que no los dejan conciliar el sueño.

Estimada Senadora Harris:

A pesar de que mi esposo y yo tenemos empleos de tiempo completo, luchamos cada semana para que el dinero nos alcance. Tengo

*cobertura [médica] completa para mi hijo de
dos años, por lo cual doy gracias a Dios todos los
días, pero no entiendo por qué mi esposo y yo no
podemos tener cobertura completa también.*

*. . . No recibimos ayuda para cuidado
infantil porque "ganamos mucho dinero", pero
no podemos pagar ni siquiera $50 al mes de
guardería, así que dependemos de familiares,
quienes tienen sus propios problemas, por lo cual,
muchas veces perdemos dinero porque no podemos
conseguir una niñera para poder ir a trabajar.*

*. . . Ruego por mi vida que esto tiene que
cambiar. Por el amor de Dios ¡AYÚDENOS! ¡Esto
no está bien! Estoy confundida, enojada, frustrada
y me siento traicionada por nuestro gobierno. Yo
NUNCA pido ayuda a menos que sea necesario y
¡ahora la necesito con urgencia!*

Cada carta se explica sola, pero juntas, cuentan la misma historia. Es la historia de estadounidenses atrapados en la crisis del costo de vida, donde los gastos de vivienda, atención de la salud, cuidado de los niños y educación son mucho más altos que antes, pero los salarios siguen igual de bajos por décadas.

Básicamente, ganas la misma cantidad de dinero, pero lo que compras cuesta más y más cada año. Cuando hablamos de ganarse la vida, con frecuencia los estadounidenses se dividen en clases económicas —la clase alta es rica, la clase trabajadora es pobre y, a medio camino entre ambas, está la clase media, una descripción vaga que es donde la mayoría de los estadounidenses se coloca. En un escenario ideal, la clase media está compuesta por personas que tienen empleos estables y ganan un sueldo decente para vivir en una casa cómoda, si bien no lujosa, en un vecindario seguro con buenas escuelas y parques infantiles cerca para sus hijos. El principio que mueve a la clase media es que, si trabajas duro y sigues las reglas del juego, tus hijos crecerán con mejores condiciones que las que tuviste. Pero las cartas que recibo regularmente cuentan la historia del vaciado de la clase media y de una vida económica definida por una lucha intensa y temor por el futuro.

Cuando me despierto a medianoche con una preocupación en mi mente, me recuerdo a mí misma que en incontables hogares de todo el país alguien más está desvelado. Millones de otras personas. Imagino que la mayoría de ellos se hacen preguntas relacionadas con sus más grandes temores: ¿Seré capaz de darles una buena vida a mis hijos? ¿Qué tal si nunca puedo lograr que el dinero me alcance?

¿Cómo voy a estirar mis ingresos para pagar todas las facturas este mes?

El pueblo estadounidense no ha renunciado al sueño americano. Yo sé que eso es verdad. Pero, si no puedes dormir de noche, ¿cómo puedes soñar?

¿Cómo puedes soñar si el promedio de un año de cuidado infantil para un bebé o un niño pequeño es más caro que un año de matrícula en un instituto público para residentes del estado? ¿Cómo puedes soñar cuando el costo de la educación superior —institutos y universidades— ha aumentado más de tres veces más rápido que los salarios desde que yo asistía a la escuela en la década de 1980? ¿Cómo puedes soñar cuando te estás ahogando en la deuda del préstamo estudiantil para pagar la educación que necesitas con el fin de obtener un buen empleo?

¿Cómo puedes soñar si ganas el salario mínimo y trabajas 40 horas a la semana sabiendo que, en el 99 por ciento de los condados de los Estados Unidos, no puedes costear el alquiler actual de un apartamento de una habitación?

¿Cómo puedes soñar si tu sueldo apenas cambia, no importa cuánto trabajes, mientras todo lo demás sigue aumentando de precio y tus facturas siguen acumulándose? ¿Cómo puedes soñar cuando eres una madre cuyo hijo está enfermo, pero no te alcanza el dinero para el copago de la visita al consultorio médico?

La vida de la clase media no es como antes, cuando los padres ganaban suficiente dinero para sufragar los gastos básicos de sus familias. Y, en este momento, no es lo que se supone que sea. Ser de clase media debería significar tener seguridad y estabilidad financiera. Pero, ¿cómo es posible lograr esto si el costo de vida es tan alto que vives al borde de una catástrofe? Una lesión, una enfermedad. Nadie espera que la vida sea fácil, pero no se supone que sea tan dura como es hoy día.

A menudo pienso en el señor y la señora Shelton. Ella era maestra en un preescolar y él era un obrero de la construcción y, con esos ingresos, pudieron comprar una casa de dos habitaciones que era todo lo que habían soñado y todo por lo que habían trabajado. Pero, en el momento en que escribo estas líneas, esa casa está a la venta en un sitio web por cerca de un millón de dólares, que sería imposible comprar con los sueldos de una maestra y un obrero de la construcción. Estos costos exorbitantes de las viviendas son un problema en ciudades de todo el país, tales como Denver y Phoenix, donde menos del uno por ciento de las casas en el mercado inmobiliario estarían al alcance del sueldo de una maestra.

En las áreas rurales, las casas son más económicas, pero eso no ayuda porque no hay empleos. De acuerdo con un informe reciente, solo el tres por ciento del crecimiento laboral en el siglo 21 ha ocurrido en las áreas rurales. Así que la gente tiene un dilema terrible: soportar un viaje larguísimo todos los días para llegar al trabajo o mudarse del lugar donde la familia ha vivido durante una generación, el lugar donde viven los amigos, donde sus hijos jugaron béisbol en las pequeñas ligas, donde está la iglesia a la que siempre han asistido.

Pienso también en los trabajadores que he conocido por el camino, cuyo trabajo vale mucho más de lo que les pagan. Hace varios años, conocí a una mujer llamada Wendy y tuve la oportunidad de pasar el día con ella, viéndola trabajar de cerca. Ella había cambiado de empleo cuando su madre de edad avanzada se enfermó, convirtiéndose en trabajadora de la salud en el hogar, de manera que pudiera cuidarla de día y de noche. Eso quería decir todo, desde levantar a su madre de la cama a vestirla, alimentarla, ayudarla en el baño, tomarle y llevar un registro de la presión arterial y la temperatura, ayudarla a sentarse en la silla de ruedas y llevarla a pasear, así como conversar con ella para mantener su menta activa. Era un trabajo minucioso y exigente física, mental y emocionalmente.

Sin embargo, en el 2017, el asistente de salud a domicilio en los Estados Unidos no ganaba lo suficiente como para mantener a una familia de cuatro más allá de los límites de pobreza. ¿Qué dice eso sobre el valor que le damos al cuidado de los estadounidenses mayores? ¿Qué dice esto sobre cómo honramos a nuestros ancianos?

La crisis del costo de vida es particularmente dura con las mujeres. Las mujeres todavía ganan ochenta centavos por dólar en comparación con los hombres —una brecha que es todavía más severa para las mujeres estadounidenses de la raza negra, quienes ganan solo sesenta y tres centavos por cada dólar ganado por los hombres blancos. Como señala el National Women's Law Center (Centro nacional de derechos de las mujeres), eso significa que una mujer negra que trabaja tiempo completo, termina ganando durante el año $21,000 menos que su contraparte masculino blanco. Eso afecta a todos los miembros de la familia. Para las latinas, es aún peor, con cincuenta y cuatro centavos por dólar.

Los políticos alardean mucho sobre el valor del trabajo duro. Pero es momento de decir algunas verdades. La verdad es que la economía hace tiempo dejó de recompensar y valorar la mayor parte del trabajo duro. Y tenemos que reconocerlo si queremos cambiarlo.

Comencemos por reflexionar en cómo llegamos hasta aquí.

Durante varias décadas después de la Segunda Guerra Mundial, los trabajadores recibían aumentos de sueldo cuando les iba bien a las compañías. Por su parte, el gobierno ayudaba al ofrecer educación gratis a través de la Ley de Beneficios Educativos para Militares, conocida como *GI Bill*, que les pagaba la educación superior a los veteranos que regresaban de la guerra. El resultado fue que nuestro país se hizo más rico y más fuerte a pasos agigantados. Una de las medidas clave para esto es la productividad empresarial. Si una compañía de caramelos puede hacer los dulces más rápido que la competencia o a un costo más bajo que de costumbre, se considera más productiva. En la economía de posguerra, la productividad creció prácticamente en todas partes en los Estados Unidos, un sorprendente aumento del 97 por ciento. La diferencia entonces estribaba en que los trabajadores compartían la recompensa. Durante ese mismo período, los salarios de los obreros aumentaron en un 90 por ciento. Así fue que Estados Unidos fue capaz de levantar la clase media más grande del mundo. Las cosas no eran perfectas para todos. La discriminación contra las personas de color y contra las mujeres en el lugar de trabajo y en la sociedad era rampante. No obstante, la orientación general de la economía era de que el crecimiento de la clase media era una meta que todos compartíamos.

Pero en las décadas de 1970 y 1980, las grandes corporaciones de los Estados Unidos —los dueños de las grandes compañías— decidieron hacerlo a su manera. En lugar de gastar el dinero que la compañía ganaba en los trabajadores, las corporaciones determinaron que su única obligación real era con sus accionistas, aquellos que compraban acciones de la compañía y, por ende, eran dueños de un pedazo de la compañía. Desde la perspectiva de las grandes empresas, estos dueños eran quienes merecían la parte del león o mayor tajada de las riquezas, no las personas que habían puesto a funcionar la compañía. Así que, mientras la productividad continuaba mejorando —un descomunal 74 por ciento entre 1973 y 2013— el sueldo de los trabajadores solo aumentó un 9 por ciento. En la década de 1980, el presidente Reagan adoptó esa idea como base de la visión de la economía del partido republicano. Reducir los impuestos a las corporaciones. Reducir los impuestos a los accionistas. Oponerse a aumentar el salario mínimo de los trabajadores. Oponerse a la sola idea de un salario mínimo. Aplastar los sindicatos, la fuerza más poderosa que lucha por los derechos de los trabajadores a la justicia salarial y a condiciones laborales decentes. Restituir la reglamentación gubernamental de las corporaciones. Ignorar el costo humano.

Al mismo tiempo, estas compañías subcontrataban y

movían sus operaciones al extranjero, a países donde podían pagar aún menos a los trabajadores. Bienvenidos a una nueva era de egoísmo y codicia. Y era alarmantemente eficaz. Las ganancias de las corporaciones se han disparado, pero los trabajadores estadounidenses no han recibido un aumento importante en cuarenta años. Aun así, no parece haber remordimiento cuando el director ejecutivo de una empresa gana más de 300 veces el salario de su empleado promedio.

El objetivo del crecimiento económico tiene que ser agrandar el pastel. Pero si todo lo que queda para los trabajadores son las migajas, ¿qué clase de economía estamos levantando? En ese contexto entramos en el siglo veintiuno. Los empleos desaparecieron. Las comunidades se convirtieron en pueblos fantasmas.

He leído muchas cartas que subrayan la importancia del paso del tiempo. Un hombre de 62 años, quien perdió todo en la Gran Recesión, no tiene dinero para su jubilación y le quedan pocos años hábiles. Una pareja que lidia con una crisis de salud en la familia no puede costear sus facturas médicas y seguir pagando el alquiler mensual. Necesitan ayuda inmediata. No pueden esperar. Cualquiera que esté atrapado en un ciclo de desesperación financiera dirá que es una emergencia, que no hay tiempo que perder. Esta noche tiene que haber un plato de comida sobre la mesa. En la mañana hay que llenar el tanque de gasolina. Las cuentas tienen que pagarse mañana. El alquiler vence en el fin de semana. Realmente, no hay tiempo que perder.

De acuerdo con una investigación realizada por United Way (Fondos Unidos), el 43 por ciento de las familias no pueden sufragar los gastos básicos: techo, comida, cuidado infantil, cuidado de la salud, transporte y un teléfono celular.

¿Qué se supone que piense la gente sobre un gobierno que los ha olvidado? ¿Cómo se supone que te sientas cuando te estás ahogando y nadie viene a rescatarte, pero oyes por televisión que la economía está floreciente? ¿Floreciente para quién? No lo está para las personas que han tenido que mudarse a varias horas de distancia de su trabajo para poder conseguir un lugar económico donde vivir. No lo está para las personas que han tenido que dejar de trabajar porque no pueden costear el cuidado infantil. No lo está para las personas que están renunciando a su sueño de ir a la universidad porque saben que no pueden cubrir los costos.

Se nos acaba el tiempo. Esa es la cruda verdad. Y no únicamente en términos de lidiar con lo que es tan urgente en este momento, como la factura del gas y las emergencias médicas. Se nos acaba el tiempo para lidiar con cambios venideros importantes. A medida que la tecnología continúa ganando terreno, más y más personas perderán sus empleos. Tomemos como ejemplo los camiones sin conductor: los camiones autónomos podrían dejar sin empleo a 3.5 millones de choferes. Un estudio sugiere que la tecnología podría destruir 2.5 millones de empleos en una gama de industrias cada año. Ya hemos visto los costos de la pérdida de empleo. Pero nada nos ha preparado aun para lo que está por venir.

Además, tendremos que luchar con las realidades del cambio climático. El planeta se está calentando. Los científicos coinciden en que es porque los humanos están lanzando demasiados gases de efecto invernadero —como el dióxido de carbono y el metano— a la atmósfera, que atrapa el calor del sol. Y ese calentamiento interferirá con el clima, elevará el nivel de los mares y alterará la vida como la conocemos. En el 2017, los fenómenos meteorológicos severos, tales como huracanes, tornados, sequías e inundaciones, en los Estados Unidos causaron la muerte de más de 362 personas, obligaron a más de un millón a mudarse y ocasionaron más de $300 mil millones en daños. Los expertos predicen que la situación empeorará con el tiempo, pero tenemos el poder de actuar para prevenir, reducir o retrasar algunas de las peores consecuencias.

Hablando claro, tenemos mucho trabajo por hacer, un arduo trabajo. Tenemos todo lo necesario —toda la materia prima— para construir una economía para el siglo 21 que sea justa y robusta, una economía que recompense el trabajo de aquellos que la sostienen. Pero tenemos que darnos prisa. Y tenemos que estar dispuestos a decir las verdades.

Tenemos que reconocer que los empleos del futuro van a necesitar que la gente reciba una educación después de la preparatoria que sea asequible y los prepare para esos empleos.

Digamos la verdad sobre el costo de la vivienda. No podemos tener una sociedad que funcione si la gente no puede darse el lujo de vivir en ella. Así que tenemos que promulgar leyes para crear viviendas a precios módicos y dar un alivio a las personas que tienen dificultades ahora mismo para pagar la renta.

Digamos la verdad sobre el cuidado infantil. Si no encontramos la forma de hacerlo económico, estamos creando barreras muy altas para que los padres, sobre todo las madres, puedan participar en la fuerza laboral.

Y digamos la verdad sobre lo que tenemos que levantar. Necesitamos construir y renovar puentes y carreteras. Hay que crear infraestructura para internet de banda ancha en las áreas rurales que todavía no la tienen. Tenemos que instalar nuevos parques eólicos y líneas de transmisión. Hay que modernizar aeropuertos y reparar metros que están en pésimas condiciones.

Los adultos de hoy les debemos por lo menos eso a nuestros hijos y nietos.

Digamos también la verdad sobre los sindicatos, que han sido desmantelados por el partido republicano. En medio de un esfuerzo republicano por vaciar la clase media, son los sindicatos los que han obligado con éxito a las compañías a pagar mejores sueldos y brindar mejores beneficios. Necesitamos un resurgir de los sindicatos en los Estados Unidos.

Y digamos una última verdad: las grandes corporaciones y la gente más rica en el país más rico del mundo pueden permitirse pagar impuestos en la justa medida para que podamos reparar la economía. Es necesario, es moral y es sabio.

LA INTELIGENCIA
DE LA SEGURIDAD

L as novelas de misterio y espionaje ofrecen una visión sensacional del trabajo de inteligencia, pero este es mucho más complicado que agentes secretos en gabardina y cámaras ocultas en bolsas. La comunidad de inteligencia de los Estados Unidos está compuesta por diecisiete organizaciones, incluyendo la CIA y el FBI. Estas recopilan y analizan información que es importante para la seguridad nacional —mantener el país seguro— y ponen al día periódicamente a los jugadores clave, incluyendo al presidente de los Estados Unidos y un selecto grupo de miembros del Congreso. Con frecuencia, la información es confidencial y, por lo tanto, no se puede compartir con el público general para no poner en peligro a los agentes que la recopilaron y a las personas que la proporcionaron. Esto se conoce como proteger las fuentes y los métodos (de quién se obtuvo la información y de qué manera).

Cuando llegué al Senado, me incorporé al Comité de

Inteligencia del Senado, con la expectativa total de que el trabajo se haría en las sombras y lejos del ojo público. Pero, días después de juramentar al cargo de senadora de los Estados Unidos, esas expectativas se fueron por la borda. El 6 de enero de 2017, la comunidad de inteligencia reveló un alarmante informe: Rusia había llevado a cabo múltiples operaciones cibernéticas contra los Estados Unidos, con la intención de influir en los resultados de la elección presidencial del 2016. En otras palabras, Rusia hackeó la elección para presidente. De repente, nuestro trabajo —investigar qué había fallado tan espantosamente— se convertiría en uno de los más importantes en la historia del Senado.

La mayor parte de lo que hago en el comité involucra información confidencial que tiene que permanecer en secreto, así que lo que puedo escribir aquí es realmente limitado. Pero, en ocasiones, la comunidad de inteligencia hace públicos los informes, eliminando las "fuentes y métodos". Yo puedo hacer referencia a ese trabajo y lo haré.

Dos veces a la semana, durante dos horas cada vez, los miembros del Comité de Inteligencia se reúnen a puertas cerradas para hablar con los hombres y mujeres que dirigen nuestras diecisiete agencias de inteligencia y se les pone al día sobre la información más reciente. No puedo dar detalles de lo que hablamos, pero puedo decir lo que ocurre. Para empezar, el lugar donde nos reunimos se conoce como SCIF, Sensitive Compartmented Information Facility (Instalación de información compartimentada confidencial). Este ha sido diseñado para evitar que alguien pueda espiar o escuchar a escondidas de alguna forma. Antes de entrar, tenemos que dejar nuestros teléfonos celulares en un armario fuera de la puerta. Adentro, tomamos notas confidenciales a mano, que también tienen que mantenerse bajo llave en el SCIF. Cuando el comité lleva a cabo audiencias públicas, los demócratas se sientan en un lado del estrado y los republicanos en el otro frente a los testigos y las cámaras. Pero dentro del SCIF y lejos de las cámaras, es una atmósfera muy distinta. A menudo los senadores se quitan las chaquetas. Nos concentramos en el trabajo. No es solo la ausencia de cámaras y la disposición de los asientos lo que cambia la dinámica; es el trabajo mismo. La estricta separación entre republicanos y demócratas que ha paralizado tanto a Washington de alguna manera desaparece cuando entramos en esa habitación. Sencillamente no hay espacio para nada más que concentrarse en la seguridad nacional de los Estados Unidos y en la protección de la privacidad y de los derechos de los estadounidenses. Ni el público, ni los medios de comunicación ni los demás senadores que no son parte del comité pueden estar ahí. Somos solo nosotros, para realizar vigilancia con alcance global. Es estimulante, incluso inspirador. Es una escena que me gustaría que el pueblo estadounidense pudiera ver, aunque sea por un instante. Es un recordatorio de que incluso en Washington, algunas cosas pueden ser más importantes que la política.

Mi trabajo en el Comité de Inteligencia y el Comité de Seguridad Nacional abarca una amplia gama de asuntos, desde crear y mantener la capacidad de los Estados Unidos para combatir el terrorismo, en el país y en el extranjero, para proteger y asegurar nuestras fronteras; hasta la amenaza que representan las armas nucleares; y al siempre delicado equilibrio entre recopilar inteligencia y proteger las garantías individuales, de modo que las libertades de las personas no sean pisoteadas por el gobierno. Pero, en lugar de enumerar la lista completa de los asuntos que abordamos en toda su complejidad, prefiero concentrarme en unas cuantas amenazas que me quitan el sueño.

En primer lugar, pienso en la seguridad cibernética —un nuevo frente en una nueva clase de batalla. Nuestras ciudades no son bombardeadas a diario por aviones de guerra rusos, chinos, norcoreanos o iraníes. Si lo fueran, sin duda los estadounidenses insistirían en que respondiéramos. Pero la guerra cibernética es silenciosa. Algunas veces, me refiero a ella como una guerra sin sangre: no hay soldados en el campo de batalla, ni balas, ni bombas. Pero su potencial de hacer daño es muy real. Imagínense, por ejemplo, un ataque cibernético en las señales para cambiar las vías férreas o en los generadores eléctricos de un hospital o en una planta de energía nuclear.

La comunidad de inteligencia, al igual que las compañías privadas, están librando una batalla defensiva contra los ataques cibernéticos a cada minuto. Pero aún no estamos preparados para este nuevo terreno. Tenemos que actualizar con urgencia nuestros sistemas y nuestra infraestructura.

Actualmente, estamos bajo ataque. Tenemos fresco el recuerdo de nuestras elecciones, particularmente dada la maldad —y la eficacia— de los ataques del gobierno ruso. La investigación de enero de 2017 reveló que "el presidente ruso Vladimir Putin ordenó una campaña encaminada a influir en la elección presidencial de los Estados Unidos. Los objetivos de Rusia eran minar la confianza pública en el proceso democrático estadounidense, denigrar a la secretaria de Estado Clinton y menoscabar su viabilidad y su posible presidencia". La comunidad de inteligencia estimó, con un alto grado de certeza, que los servicios de inteligencia de Rusia hackearon la campaña presidencial de Hillary Clinton para divulgar información que recopilaron con la intención de influir en los resultados de la elección.

Los agentes y propagandistas rusos explotaron las plataformas de redes sociales de los Estados Unidos, tales como Facebook, Twitter y YouTube para difundir información falsa y mordaz sobre la secretaria Clinton y avivar las divisiones en los Estados Unidos. Y creo que es muy revelador exactamente cómo lo hicieron.

Se concentraron en asuntos candentes, desde la raza hasta los derechos de los inmigrantes y de la comunidad LGBTQ+. Esto quiere decir que ellos sabían que el racismo y otras formas de odio siempre han sido el talón de Aquiles de nuestra nación, nuestro punto débil. Sabían con precisión dónde atacarnos, enfocándose en —y lacerando— deliberadamente algunos de los episodios más dolorosos y divisorios de la historia de nuestro país.

Toqué este punto por primera vez durante la reunión del Comité de Inteligencia. Unos días después, estaba sentada en mi escritorio en el pleno del senado, el último de atrás. Elegí ese escritorio por dos razones: no era visible para las omnipresentes cámaras de televisión, lo que me ayudaba a concentrarme en el trabajo. Pero, lo más importante, era el escritorio más cerca de la gaveta de los caramelos.

Alcé la vista y vi al senador republicano por Oklahoma James Lankford que caminaba hacia mí, atravesando literalmente el pasillo para poder conversar.

—Kamala, he escuchado que has dicho que la raza es nuestro talón de Aquiles y me parece que traes un punto importante —me dijo—. Personalmente, creo que lo primero es preguntar: "¿Has invitado a tu casa a una familia que no se parece a ti? ¿Alguna vez has tenido realmente ese tipo de interacción?" Me parece que ese es un buen comienzo.

—Me alegra oírlo decir eso. Por algo hay que empezar.

Lankford y yo nos sentamos frente a frente en las sesiones cerradas del Comité de Inteligencia y, si bien hay muy pocas cosas en las que coincidimos en cuanto a política pública, me parece una persona realmente amable y considerada. No tardamos mucho tiempo en hacernos amigos. Juntos, con nuestros colegas en el comité, estudiamos la información que condujo a la evaluación en enero de 2017 sobre los ataques rusos. Me llamó la atención que los rusos intentaran irrumpir en las infraestructuras electorales de por lo menos dieciocho estados —por ejemplo, las bases de datos de registro de votantes. Afortunadamente, hasta mayo del 2018, nuestro comité no había encontrado pruebas de que se hayan alterado las listas de votantes reales ni las hojas de conteo de votos. Pero no podemos descartar que hayan tenido éxito en alguna actividad de esa índole de la que todavía no tenemos conocimiento.

En nuestro informe, planteamos preocupaciones sobre una serie de posibles debilidades que persisten en nuestra infraestructura electoral. Los sistemas de votación están obsoletos y muchos de ellos no tienen registros de los votos en papel. Sin un registro impreso, no hay manera de inspeccionar con precisión el cómputo de los votos y confirmar que los números no se han alterado. Treinta estados usan máquinas de votación sin papel en algunos lugares y cinco estados usan únicamente máquinas sin papel. Encontramos también que muchos de nuestros sistemas electorales están conectados a internet, lo que los deja expuestos a la piratería. Incluso los sistemas que no están conectados constantemente a la internet se actualizan con software que hay que descargar en línea.

La seguridad cibernética no se trata de un muro inexpugnable, eso no es realista. Debemos concentrarnos en detectar, prevenir, manejar, limitar y defendernos contra cualquier esfuerzo por causarnos daño.

En ese momento, James Lankford y yo éramos los únicos senadores que pertenecíamos tanto al Comité de Seguridad Nacional como al de Inteligencia. Por tanto, éramos idóneos para unirnos, fuera de líneas partidistas, para crear legislación encaminada a combatir estos ataques. Para finales de diciembre del 2017, junto con otros senadores, presentamos el proyecto de ley Secure Elections Act (Ley para Elecciones Seguras), que protegería a los Estados Unidos de futuras interferencias foráneas en nuestras elecciones.

Sin embargo, los sistemas electorales no son la única área en la que somos vulnerables a la intromisión extranjera. Por ejemplo, en marzo del 2018, el Departamento de Seguridad Nacional y el FBI emitieron una alerta conjunta que mostraba que los hackers rusos habían ganado acceso a los sistemas de computadoras estadounidenses que controlan la energía que usamos para iluminar nuestros hogares, el agua que tomamos y los aviones que nos transportan. Después de obtener acceso, los rusos llevaron a cabo un minucioso reconocimiento, en otras palabras, entremetimiento en su máxima expresión. Lograron acceso al sistema de control de por lo menos una planta de energía. Y metieron a hurtadillas herramientas en los sistemas que les permitirían, en determinados casos, apagar las plantas a voluntad.

Huelga decir que esta es una debilidad grave. Millones de estadounidenses recuerdan el apagón de agosto del 2003, cuando un pico de corriente sobrecargó la red eléctrica que cubría partes de ocho estados del noreste. Las principales ciudades quedaron sumergidas en la oscuridad. Los bomberos tuvieron que correr a sacar a las personas de los ascensores mientras las temperaturas subían. Cientos de trenes se detuvieron en las vías férreas y miles de pasajeros tuvieron que ser rescatados de los oscuros túneles del metro. Las plantas de tratamiento de aguas usadas se quedaron sin energía; 490 millones de galones de aguas negras se derramaron en la ciudad de Nueva York solamente. Se interrumpió el servicio de los teléfonos celulares. Las máquinas de los bancos se paralizaron. Los hospitales tuvieron que depender de generadores para atender a los pacientes vulnerables. Los analistas concluyeron más tarde que las tasas de mortalidad en la ciudad de Nueva York aumentaron en un 28 por ciento durante el apagón que duró dos días.

En la Evaluación de amenazas mundiales (Worldwide Threat Assessment) de la comunidad de inteligencia en el 2018, el director de inteligencia nacional detalló el aumento de los riesgos a la infraestructura fundamental —los grandes sistemas que bombean agua limpia a nuestros hogares, y mantienen funcionando los semáforos y nuestros teléfonos celulares cargados. Él indicó que "Rusia, Irán y Corea del Norte… están probando ataques cibernéticos más agresivos que representan crecientes amenazas a los Estados Unidos y a sus países socios".

Se anticipa que Irán, que en el pasado atacó a una gran

corporación de los Estados Unidos y robó información personal, continuará introduciendo su trabajo en la infraestructura cibernética estadounidense. Corea del Norte, que llevó a cabo un destructivo ataque contra Sony —la compañía que fabrica el PlayStation, otros equipos electrónicos, y hace películas— en noviembre de 2014, y que el gobierno estadounidense identificó como el responsable de un ataque cibernético en Reino Unido que paralizó el sistema de salud de ese país, se supone que usará sus operaciones cibernéticas para robar dinero, al igual que lo hizo en el 2016, cuando tomó $81 millones del Banco de Bangladesh. Mientras tanto, China ha estado mejorando sus propias capacidades de ataque cibernético desde el 2015 y ha dirigido ataques contra la industria privada de los Estados Unidos, particularmente fabricantes de armas y tecnología de la información y firmas de comunicaciones cuyos productos y servicios apoyan las redes mundiales.

Y esto no incluye a los criminales internacionales quienes hackean por sus propios motivos.

El general de los EE. UU. Keith Alexander, exdirector de la Agencia para la Seguridad Nacional, dijo en el 2016 que los sistemas del Departamento de Defensa son sondeados por hackers cerca de 250,000 veces cada hora. Eso es igual a seis millones de veces al día.

En un mundo donde la tecnología puede ser utilizada como arma, necesitamos la mejor tecnología para poder responder. Eso significa mejorar nuestros esfuerzos constantemente para estar siempre un paso por delante.

Es también una de las razones por las que creo que el país debe recibir con los brazos abiertos a estudiantes y profesionales altamente calificados de todas partes del mundo para que estudien en nuestras universidades y trabajen en nuestras compañías.

Por último, creo que vamos a necesitar desarrollar una doctrina cibernética. Como cuestión de principio, tendremos que decidir en qué momento un ataque cibernético se convierte en un acto de guerra y qué clase de respuesta merece.

El 12 de enero de 2017, Mike Pompeo compareció ante el Comité de Inteligencia del Senado para su audiencia de confirmación como director de la CIA. Por tradición, las preguntas en las audiencias públicas se formulan por orden de antigüedad, así que, como yo era la más nueva en el comité, fui la última en interrogarlo. Durante la audiencia, escuché a mis colegas preguntarle a Pompeo una amplia gama de preguntas sobre asuntos tradicionales como el intercambio de información con países extranjeros y la prevención de ataques terroristas dentro y fuera de los Estados Unidos. Cuando finalmente me tocó el turno, me concentré en un tema que pareció sorprender a Pompeo y a los demás miembros del comité. Yo quería saber qué impacto iba a tener su postura pública de rechazo a la ciencia del cambio climático en su función como jefe del aparato de inteligencia de Estados Unidos.

La CIA ya había estimado que el cambio climático era peligroso para nuestra seguridad nacional. Las declaraciones previas de Pompeo ignoraban el criterio de la CIA. ¿Cómo presentaría sus informes al presidente? ¿Permitiría que sus opiniones personales fueran por encima de los hallazgos de los profesionales de la CIA con respecto al cambio climático? Y, de ser así, ¿Qué efecto tendría eso en otras amenazas nefastas para nuestra nación?

El cambio climático se puede ver desde muchos ángulos. Damos por sentado el delicado equilibrio que mantiene a nuestro planeta funcionando y el cambio climático tira por la borda ese equilibrio. Veremos más inundaciones, pero también más sequía. Más incendios forestales, pero también inviernos extremadamente fríos en algunos lugares. Aumento en el nivel del mar y una marcada reducción en el agua potable. El cambio climático amenaza la forma en que sembramos los cultivos de alimentos, dónde construimos nuestras casas y comunidades, así como la vida de las plantas y los animales que nos rodean. Algunos lo ven como un problema puramente ambiental. Señalan la destrucción de hábitats, el derretimiento de las capas de hielo y la futura extinción masiva de especies. Otros lo ven como un problema de salud pública que exige un mundo donde estén disponibles el aire limpio y el agua limpia. Existe también la dimensión económica del cambio climático: pregunten a los agricultores sobre su enfoque preciso y calculado en los patrones del tiempo, las fluctuaciones mínimas de temperatura que pueden hacer la diferencia entre lograr una buena cosecha o una arruinada, y podrán entender que no podemos hacer caso omiso de los eventos meteorológicos extremos y los cambios impredecibles en el clima. Estas son las personas que cultivan nuestros alimentos, así que tenemos que prestarles atención.

Pero, cuando hablamos con generales del ejército, cuando hablamos con miembros sénior de la comunidad de inteligencia y con expertos en conflictos internacionales, vemos que ellos perciben el cambio climático como una amenaza a la seguridad nacional —un "multiplicador de amenazas" que causará que se extienda la pobreza, lo que, a su vez, creará las condiciones para el aumento de la violencia, la desesperación e incluso el terrorismo. Un clima inestable e impredecible provocará un mundo inestable e impredecible.

Por ejemplo, el cambio climático producirá sequía. La sequía producirá hambruna. La hambruna llevará a la gente desesperada a abandonar sus hogares en busca de comida. El desplazamiento masivo de personas desatará una crisis de refugiados, a medida que las personas intenten frenéticamente entrar a los países donde puedan tener una mejor vida o simplemente no haya escasez de alimentos. La crisis de refugiados desatará tensión e inestabilidad en las fronteras.

El cambio climático aumenta también el riesgo de que pandemias —enfermedades infecciosas— mortales globales lleguen a los Estados Unidos. Los Centros para el Control y la Prevención de Enfermedades (CDC, por sus siglas en inglés) informaron que, entre 2006 y 2016, la cantidad de estadounidenses infectados por enfermedades transmitidas por insectos, tales como el Virus del Nilo Occidental, Zika y Lyme, se triplicó. A medida que las temperaturas suben, están proliferando enfermedades en lugares de América donde no hubieran podido sobrevivir en el pasado. De hecho, los CDC ya han identificado nueve tipos de infecciones que nunca antes se habían visto en los Estados Unidos.

La cruda verdad es que el cambio climático va a causar

una terrible inestabilidad y desesperación y que eso pondrá en riesgo la seguridad nacional estadounidense. Por eso, el exdirector de la CIA John Brennan ha expresado que cuando los analistas de la CIA buscan las causas más profundas de la creciente inestabilidad en el mundo, una de las causas que señalan es el cambio climático. Es por eso que, como parte de la estrategia de seguridad nacional del presidente Obama, se identificó al cambio climático como una amenaza a la seguridad nacional de la más alta prioridad. Es por eso que el Pentágono —nuestro Departamento de Defensa— ha estado creando estrategias para proteger las decenas de bases militares en todo el mundo que se verían afectadas por el aumento en el nivel del mar y los eventos meteorológicos extremos. Y es por eso que yo no dudé en preguntarle a la persona que se convertiría en el director nacional de la CIA si el cambio climático sería un factor en su estrategia para proteger al pueblo estadounidense y de qué manera.

Esto no es tema de ciencia ficción o de una novela futurista. La crisis provocada por el clima ya está en aumento. A finales del 2017, por ejemplo, las reservas de agua bajaron tanto en Ciudad del Cabo, Sudáfrica, que la ciudad de más de tres millones de habitantes, la segunda más grande de Sudáfrica, estuvo a punto de que se secaran los grifos. Los residentes comenzaron a bañarse con cubos para poder reutilizar el agua en la lavadora de ropa. Los agricultores tuvieron que abandonar cerca de una cuarta parte de sus cosechas.

Este es un problema que tenemos también en nuestro país y es un asunto de seguridad nacional que nos preparemos. Tenemos que garantizar un suministro confiable y sostenible de agua limpia. Al crecer en California, entendí desde temprana edad que el suministro de agua es valioso y frágil. En la escuela primaria, mis compañeros de clase y yo estudiamos ecología. Recuerdo la sequía en 1976 y 1977 —inodoros sin descargar, duchas cronometradas y céspedes secos de color marrón. Pienso mucho en la seguridad del agua y nunca la doy por sentada.

Tenemos mucho que aprender de amigos y socios que han trabajado en estos problemas durante años —sobre todo Israel, líder global en asuntos de seguridad del agua. En febrero de 2018, viajé a Israel y visité la planta de desalinización de Sorek, la cual produce agua potable limpia a partir del agua del mar. Tomé un vaso de ella y su sabor era tan bueno como cualquier otra agua que he probado.

Y no solo eso. Como han dicho muchas personas, los israelíes han hecho florecer el desierto. Lo han logrado en parte al capturar con éxito el 86 por ciento de las aguas usadas —como el agua que se va por el desagüe cuando te lavas los dientes— y purificarla para la agricultura. En contraste, Estados Unidos, que produce 32 mil millones de galones de aguas usadas cada día en ciudades y pueblos, recupera únicamente del 7 al 8 por ciento. Por supuesto, que podemos hacerlo mejor que eso.

La conservación del agua y la protección contra la escasez tiene que ser una prioridad importante. Lo mismo se puede decir, en esta era de cambio climático, sobre la necesidad de protegernos contra las inundaciones. La fuerza destructora del huracán María dejó en ruinas a la isla de Puerto Rico. Yo visité Puerto Rico en noviembre de 2017 y vi de primera mano parte de esa devastación —casas arrasadas, carreteras derrumbadas y destruidas, una comunidad en crisis y un total de víctimas mortales que podría ser tan alto como 4,600 ciudadanos estadounidenses en Puerto Rico. Y cuando no son inundaciones, son fuegos. El aumento de las temperaturas y los períodos secos más largos convierten nuestros bosques en leña. En California siempre ha habido incendios forestales, pero con el cambio climático cada vez son más frecuentes y más extensos.

En agosto de 2018, tomé un vuelo a California para reunirme con los bomberos y con las personas que se vieron obligadas a desalojar sus hogares por el incendio de Mendocino Complex, que consumió más de 450,000 acres, lo que lo convirtió en el incendio más grande en la historia del estado.

Cuando llegué al Condado de Lake, fui a un centro de convenciones que servía de refugio temporal a las familias desalojadas. Algunas de ellas sabían que habían perdido sus casas y todas sus pertenencias. Otras se preguntaban qué habría pasado. Conocí a una mujer embarazada de su tercer hijo. Intentaba levantarle el ánimo a su familia. Recuerdo con el orgullo que su hija me mostró lo bien que había arreglado las sábanas sobre los catres de la Cruz Roja donde estaban durmiendo.

Un año antes, conocí a un bombero que perdió su propia casa en un incendio que combatía. Me dijo que siempre había pensado que entendía el dolor de perderlo todo, por tantas veces que había visto que les ocurría a otras personas, pero que era mucho peor de lo que se imaginaba. Aun así, reflexionaba y me comentaba que eso no se podía comparar con el dolor de las familias que recibían la llamada avisándoles que su esposo o su hijo era uno de los tantos bomberos que perdieron la vida ese año.

Hay un tema común en todos estos asuntos, sea la seguridad cibernética o el cambio climático o mantener a raya los agresores como Rusia y Corea del Norte. A pesar de que Estados Unidos es una superpotencia, hay límites reales a lo que podemos hacer solos. Para mantener seguro al pueblo estadounidense, tenemos que trabajar en colaboración con nuestros aliados, con otros países que comparten nuestros valores y objetivos.

Vivimos en un mundo incierto, lleno de complejidad y peligro. Los retos que enfrentamos en el futuro exigirán que nos movilicemos basados en la inteligencia, no en el temor. Tendremos que tomar decisiones difíciles, seguramente del tipo que ninguna generación anterior ha tenido que considerar. Aun así, nos servirá recordar lo que nos ayudó a proteger al pueblo estadounidense y a garantizar la paz en las generaciones que nos precedieron. Tenemos que recordar que somos un país de leyes, que defendemos el estado de derecho. Tenemos que recordar por lo que hemos trabajado y, en algunos casos, derramado sangre: un orden internacional que promueve la paz y la cooperación; un compromiso con la democracia, aquí y en resto del mundo; un rechazo a los tiranos y dictadores que gobiernan a sus países movidos únicamente por su egoísmo, no por los intereses del pueblo para el que se supone que trabajen. Si bien no hemos sido perfectos, la nuestra es una historia en pos de un mundo mejor, más seguro y más libre. En los años venideros, con todos los desafíos que tenemos por delante, no podemos perder de perspectiva quiénes somos y quiénes podemos ser.

Diez

LO QUE HE APRENDIDO

Al principio de mi carrera profesional, uno de los primeros casos que litigué fue un accidente automovilístico en la sala del juez Jeffrey Horner, en Oakland. Para ilustrar mi argumento, tenía un mapa impreso en una gran hoja de papel, la cual sujeté a un caballete con clips de mariposa. Necesitaba el mapa para mostrar al jurado la ruta del conductor.

No recuerdo todos los detalles del caso, pero recuerdo este mapa porque me equivocaba todo el rato con norte, sur, este y oeste. Cometí tantos errores con las direcciones que hice una broma frente al jurado. Poco después, durante un receso, el Juez Horner me llamó a su despacho. "Nunca más vuelva a hacer eso", me dijo. "Usted lo resuelve. Resuélvalo".

Sus palabras se quedaron grabadas en mi mente, junto con tantas otras lecciones que aprendí por el camino: la sabiduría de mi madre, el estímulo y guía de miembros de la familia, amigos y mentores leales; y los poderosos ejemplos —buenos y malos— de los que fui testigo, todos han dado forma a mi manera de entender cómo ser líder, cómo alcanzar nuestras metas, cómo tratarnos unos a otros.

Si bien no es posible reducir la complejidad de estas lecciones de liderazgo a simples eslóganes, mi equipo y yo contamos con algunas frases clave como puntos de referencia y guía —puntos de partida para conversaciones sobre política pública y formas de comprobar si estamos en el camino correcto. Las comparto aquí porque dicen mucho acerca de mi filosofía y estilo personal. Y quizás ayudarán a forjar sus pensamientos de alguna manera, como la sabiduría de otras personas ha ayudado a forjar los míos.

PON A PRUEBA LA HIPÓTESIS

De niña, acostumbraba a visitar a mi madre en el laboratorio, donde ella me asignaba alguna tarea. Limpiar los tubos de ensayo, principalmente. Supongo que ella supo desde temprano que yo no iba a seguir sus pasos en las ciencias. Eran las humanidades —como la literatura y la historia— y las artes las que me inspiraban, aun cuando mi madre, sus colegas y su trabajo me impresionaban.

Pero, cuando eres hija de científicos, la ciencia influye en tu manera de pensar. Mamá hablaba con Maya y conmigo sobre el método científico como si fuera un estilo de vida. Cuando le preguntaba por qué algo era de determinada forma, ella no me daba una simple respuesta. Ella quería que yo desarrollara mi propia hipótesis, a partir de la cual obtendría una idea de lo que podría ser la respuesta y usar eso como punto de partida para seguir investigando. La clave del método científico es examinar y desafiar tus suposiciones. Así realizaba ella su trabajo en el laboratorio. Los experimentos que llevaba a cabo todos los días estaban dirigidos a descubrir si sus ideas resistían las pruebas. Recopilaba y analizaba los datos y llegaba a conclusiones a base de esa evidencia. Si los resultados no sostenían la hipótesis, se replanteaba todo.

Mi madre dedicó su vida a descubrir algo nuevo, alguna innovación, en la lucha contra el cáncer de seno. La innovación es la búsqueda de lo que puede ser, sin la carga de lo que ha sido. Buscamos la innovación no porque estemos aburridos, sino porque queremos que algo sea más rápido, más eficiente, más eficaz, más preciso. En la ciencia, la medicina, la tecnología, adoptamos la cultura de la innovación —las hipótesis, los experimentos y todo lo demás. Anticipamos errores, pero no los repetimos. Esperamos imperfecciones; es primordial. Nos hemos acostumbrado a la idea de tener que modificar y actualizar el software. No tenemos problema con corregir errores del sistema y actualizar. Sabemos que mientras más probemos algo, mejor entenderemos lo que funciona y lo que no funciona y mejor será el producto o proceso final.

Pero en el terreno de la política pública, de la legislación, parece que tenemos problemas para aceptar la innovación. Eso es en parte porque, cuando eres candidato para un cargo público y te paras frente a los electores, no se supone que tengas una hipótesis; se supone que tengas "el Plan". El problema es que, cuando lanzas cualquier innovación, política nueva o plan por primera vez, es probable que tenga fallos y, como estás en el ojo público, esos fallos probablemente terminan destacados en los titulares de la primera plana. Esto puede disuadir a los legisladores de tomar medidas audaces. Aun así, creo que es nuestra obligación hacerlo.

El propósito de ser un funcionario público es encontrar soluciones a los problemas, particularmente a los más difíciles, y tener una visión para el futuro. Tienes que estar dispuesto a poner a prueba tu hipótesis y determinar si tu solución funciona, basándote en los hechos y datos. Apegarse ciegamente a la tradición no debe ser la medida del éxito.

VE A LA ESCENA

En el sur de California hay una pequeña comunidad que se

llama Mira Loma. Está situada justo al norte del río Santa Ana, en el borde occidental del Condado de Riverside. Durante mucho tiempo, fue una comunidad rural, un lugar de viñedos y granjas lecheras, un lugar donde a la gente le gustaba montar a caballo y educar a sus hijos lejos de la contaminación industrial de Los Ángeles. Pero a finales de la década de 1980, las cosas comenzaron a cambiar.

Cuando los estadounidenses empezaron a comprar más productos procedentes de otros países, particularmente de Asia, muchos contenedores terminaban en los puertos del sur de California. Así que, empezaron a surgir enormes almacenes en el Condado de Riverside donde los camiones dejaban la carga que recogían en los muelles. En la época en que yo era fiscal general, había aproximadamente noventa de esos mega complejos en Mira Loma.

La vida cambió para las 4,500 familias que vivían en Mira Loma. Las granjas fueron arrasadas y pavimentadas. El tránsito se volvió insoportable. Un distrito de almacenes industriales se tragó a la tranquila comunidad rural. Y el aire se volvió tóxico. Todos los días, los camiones hacían más de 15,000 viajes por los caminos principales de Mira Loma, dejando hollín y otros contaminantes. En poco tiempo, Mira Loma tenía una de las tasas más altas de contaminación por diésel en el estado.

Se ha vinculado la contaminación con una disminución del desarrollo pulmonar y otras enfermedades graves en los niños de Mira Loma. La Agencia de Proteccíon Ambiental de Estados Unidos (EPA, por sus siglas en inglés) tenía importantes preocupaciones sobre los riesgos a la salud asociados con el aire tan sucio. Pero las cosas empeoraron.

Las circunstancias de Mira Loma capturaron mi atención cuando me enteré de que el Condado de Riverside había aprobado otro complejo de bodegas para facilitar 1,500 viajes adicionales de camiones a través de Mira Loma cada día. Los residentes demandaron para detenerlo, sosteniendo que el condado no había tomado en serio sus preocupaciones en torno a la salud y no había hecho nada para reducir el daño que esto causaría a las personas que ya estaban enfermas debido al aire viciado. Alegaron que el condado no había seguido las normas estatales dirigidas a proteger a las comunidades como las de ellos. Después de revisar los documentos, yo estuve de acuerdo.

—Quiero unirme a la demanda —le dije a mi equipo—. Vamos a mostrarles a estas familias que el estado los respalda.

Ese pudo haber sido el final del tema. Yo estaba confiada en que, con los recursos del estado de su lado, la comunidad tendría lo necesario para ganar. Pero, tomar cartas en el asunto no era suficiente. Leer los documentos de los informes y hablar con los abogados no era suficiente. Yo quería ir a la escena.

A medida que nos aproximábamos a Mira Loma, podía ver una columna de niebla y esmog que envolvía a la comunidad y sus alrededores. A través de ella, el sol brillaba con un tinte gris refractado conforme la nube tóxica se asentaba. Al bajarme del carro, me ardían los ojos por la polución. Podía sentir su sabor en el aire y limpiar con los dedos el polvo y el hollín de las superficies.

Entré a una pequeña sala de conferencias donde los miembros de la comunidad se habían reunido para contarme sus historias. Una persona me dijo que todos los días, cuando el viento cambiaba, empezaba a respirar los gases tóxicos. Otra me contó que ya no era seguro para los niños jugar al aire libre. Más de la mitad de las familias tenían hijos menores de 18 años y estaban obligados a permanecer dentro de sus casas. Una mujer de hablar pausado me expresó su alegría porque yo estuviera allí, ya que llevaban mucho tiempo con esta lucha y nadie parecía escucharlos.

Un hombre explicó que tenían que lavar el hollín de las entradas de sus casas y limpiar los tendederos antes de colgar la ropa. Le inquietaban los árboles en su jardín trasero, que habían dejado de producir frutos y estaban muriendo. Y expresó su preocupación por la gente de la comunidad que estaba sufriendo de tasas más altas de cáncer, asma y enfermedades del corazón.

Al principio, eso fue todo lo que dijo. Pero, cuando se le volvió a acercar el micrófono, el grupo lo animó a contar la historia personal que lo había traído a la reunión.

—Es muy difícil para mí hablar sobre esto… pero, lo haré para ayudar a esta comunidad.

Entre lágrimas, comenzó:

—Yo tenía una hija… y ella murió antes de cumplir los quince años. En vez de estar planeando su fiesta de quinceañera… estaba planeando su funeral… Ella murió de cáncer de pulmón. Algunas veces es difícil hablar de eso. Pero si puede ayudar, solo estoy contando mi historia.

Claro que ayudó. La lucha contra el condado tuvo lugar en los tribunales y en salas de conferencia, y nosotros no solo seríamos la voz sino el vehículo a través del cual se contaría la historia de la comunidad. Para entender realmente el sufrimiento de una comunidad, no es suficiente imaginar cómo será. Las decisiones de política inteligente no se toman en una torre aislada y los argumentos no se ganan únicamente con hechos. Es importante también estar ahí, siempre que sea posible, en persona, con los ojos y oídos bien abiertos, hablar con la gente que vive cerca del problema. Fue importante que estuviéramos allí para oír la historia de ese padre angustiado y las historias de las demás familias en Mira Loma.

ACOGER LO MUNDANO

Bill Gates, uno de los hombres más ricos del planeta, está obsesionado con el fertilizante. "Voy a reuniones donde es un tema serio de conversación", escribe. "He leído libros sobre sus beneficios y los problemas de su uso excesivo. Es el tipo de tema del que debo recordarme no hablar demasiado en los cocteles, ya que la mayoría de las personas no lo encuentran tan interesante como yo". ¿Por qué la fascinación? Él explica que los agricultores que usan fertilizante producen más cosechas de alimentos y que el 40 por ciento de las personas del planeta no estarían vivas sin esa producción mayor de cosechas. Fue el combustible literal de la Revolución Verde, que ayudó a salir de la pobreza a cientos de millones de personas. Gates entiende que hay una gran diferencia entre anunciar un plan para poner fin al hambre en el mundo y lograrlo realmente. Cerrar la brecha depende de detalles aparentemente comunes y corrientes como el fertilizante y los patrones meteorológicos y la altura del trigo.

Con frecuencia en la política los grandes pronunciamientos ocupan el lugar del trabajo meticuloso y detallado para lograr que las cosas importantes ocurran. Esto no quiere decir que haya nada malo en los grandes pronunciamientos. Los buenos líderes entusiasman al pueblo con una visión para el futuro, con ideas audaces que llevan a la gente a actuar. Pero, a menudo es el dominio de los detalles sutiles, la cuidadosa ejecución de las tareas aburridas y el trabajo dedicado que se realiza fuera del ojo público los que hacen posibles los cambios que vemos.

Lo que quiero decir es que hay que sudar las pequeñas cosas porque algunas veces resulta que lo que parece insignificante es en realidad algo grande. Una vez leí la historia de una directora de escuela primaria de St. Louis que quería atajar el rampante ausentismo escolar en su escuela. Cuando habló con los padres, se dio cuenta de que muchos de los niños no tenían ropa limpia. No tenían acceso a una lavadora de ropa o las familias no tenían dinero para comprar detergente o les habían quitado la energía eléctrica. Los estudiantes se avergonzaban de presentarse en la escuela con la ropa sucia. Un estudiante explicó: "Supongo que la gente no habla sobre no tener ropa limpia porque te dan ganas de llorar o de irte a casa o escapar o algo así. No se siente bien".

Así que la directora hizo que instalaran una lavadora y una secadora en la escuela e invitó a los estudiantes que habían faltado más de diez días a la escuela a que lavaran la ropa allí. Durante el primer año de la iniciativa, más del 90 por ciento de los estudiantes a quienes dieron seguimiento aumentaron su tasa de asistencia.

LAS PALABRAS IMPORTAN

Las palabras tienen la capacidad de empoderar y de engañar, el poder de aliviar y de herir. Pueden difundir las ideas importantes y también las equivocadas. Pueden impulsar a la gente a actuar, para bien o para mal. Las palabras son increíblemente poderosas y las personas en el poder, cuyas palabras pueden llegar más lejos y más rápido, tienen una obligación —un deber— de hablar con precisión y sabiduría. Las escrituras nos dicen: "El que ahorra sus palabras tiene sabiduría; De espíritu prudente es el hombre entendido".

Yo soy muy consciente del poder potencial que habita en mis palabras —como alguien que representa a cerca de cuarenta millones de personas, quien aspira a dar voz a los que no la tienen. Por eso, cuando hablo, lo hago conociendo la importancia de elegir bien mis palabras.

Primero, la forma en que nos referimos a las cosas, cómo las definimos, determina la manera en que la gente piensa en estas.

Cuando yo era fiscal general, llevé a los tribunales un caso contra un hombre que había creado un sitio web horrible llamado UGotPosted.com, en el cual se invitaba a la gente a subir fotos y videos sexualmente explícitos de personas que conocían. El hombre a cargo del sitio web exigía entonces un pago de las personas que habían sido expuestas a cambio de eliminar las imágenes. Se llamaba "porno vengativo" o pornografía de venganza.

Pero yo no estaba de acuerdo con esa frase. La venganza se inflige contra alguien que te ha hecho daño. Estas víctimas no le habían hecho ningún daño a los perpetradores, todo lo contrario. Los bravucones se estaban aprovechando de ellos. Eso no era venganza. Tampoco era pornografía. Quienes participan en pornografía quieren que el público los vea. Las víctimas aquí nunca tuvieron la intención de que sus imágenes privadas fueran mostradas de forma pública. Era simple y llanamente una extorsión —amenazar a alguien por dinero— basada en internet, así que nos referimos al caso como explotación cibernética. Le indiqué a mi equipo que no íbamos a usar el término "porno vengativo" ni nada parecido. Exhorté a los medios de comunicación a que tampoco usaran ese término. Y lo hice por una razón fundamental: las palabras importan.

En segundo lugar, yo elijo decir la verdad. Incluso cuando es incómoda. Incluso cuando deja a las personas intranquilas. Cuando dices la verdad, la gente no siempre sale contenta —y algunas veces, tú no te sientes muy bien con la reacción que recibes. Pero, por lo menos todas las partes saldrán sabiendo que fue una conversación franca.

Eso no quiere decir que todas las verdades resulten incómodas ni mucho menos que la intención sea causar malestar. Muchas verdades son increíblemente esperanzadoras. Solo digo que el deber de un funcionario electo no es cantar una canción de cuna y pretender que todo es perfecto. El deber es decir la verdad, incluso cuando el momento no sea propicio para pronunciarla.

MUESTRA LA MATEMÁTICA

En los exámenes de matemática en la escuela, por lo general no es suficiente con solo contestar la pregunta. Tienes que mostrar tu trabajo. De esa forma, tu maestra puede ver cómo fue tu lógica, paso por paso. Si tu solución fue la correcta, tu maestra sabrá que no adivinaste la respuesta. Y si fue incorrecta, ella verá exactamente dónde y por qué fallaste y podrá ayudarte a corregir tu error.

"Mostrar el proceso matemático" es un enfoque que he adoptado durante toda mi carrera profesional. En parte, nos ayuda a mí y a mi equipo a poner a prueba la lógica de nuestras propuestas y soluciones. Cuando nos obligamos a nosotros mismos a exponer nuestras suposiciones, muchas veces descubrimos que determinadas partes de nuestros argumentos dan por sentadas cosas que no deberían. Así que, volvemos atrás, las repasamos, las revisamos, investigamos más a fondo, de modo que, cuando estemos listos para presentar una propuesta, podamos estar seguros de su solidez.

De la misma manera, creo que los líderes que piden la confianza del pueblo tienen la responsabilidad de mostrar también sus procesos matemáticos. No podemos tomar las decisiones de otras personas por ellas, pero tenemos que ser capaces de mostrar cómo llegamos a las nuestras.

Por eso, cuando enseño a los abogados jóvenes cómo preparar un alegato final, les recuerdo que no es suficiente pararse frente al jurado y decirles "Deben llegar a ocho". Su deber es pararse allí y mostrar al jurado que "dos más dos más dos más dos" sin lugar a dudas, llevan a "ocho". Les indico que deben desglosar cada elemento. Explicar la lógica de su argumento. Mostrar al jurado cómo llegaron a su conclusión.

Cuando muestras a las personas la matemática, les das las herramientas para decidir si están de acuerdo con la solución. Y aun cuando no estén de acuerdo con todo, pueden descubrir que están de acuerdo con la mayor parte —una especie de "crédito parcial" de creación de política que puede sentar las bases de una colaboración constructiva.

NADIE DEBE TENER QUE LUCHAR SOLO

En la primavera de 1966, César Chávez lideró una marcha de 340 millas de agricultores latinos y filipinos del Valle Central de California a la capital de su estado en un esfuerzo por atraer la atención hacia los malos tratos y terribles condiciones de trabajo de sus compañeros agricultores. Ese verano, se creó el sindicato United Farm Workers y, bajo el liderazgo de Chávez, se convertiría en una de las organizaciones pro derechos civiles y derechos laborales más importantes del país.

Al mismo tiempo, a dos mil millas de distancia, el Dr. Martin Luther King Jr. lideraba el Chicago Freedom Movement. A través de discursos, concentraciones, marchas y reuniones, él exigió de todo, desde poner fin a la discriminación en la vivienda hasta la necesidad de educación de calidad para todos.

En septiembre de 1966, el Dr. King envió a Chávez un telegrama. Escribió sobre todos los frentes en los que debía pelearse la batalla por la igualdad —"en los barrios bajos urbanos, en los talleres clandestinos de las fábricas y en los campos. Nuestras luchas no son separadas; en realidad son una sola —una lucha por la libertad, la dignidad y la humanidad".

Ese es el sentimiento que creo que debemos adoptar. Hay muchas luchas peleándose en la actualidad en el país —contra el racismo y el sexismo, contra la discriminación basada en la religión, el origen nacional y la orientación sexual. Cada una de estas luchas es única. Cada una merece su propia atención y esfuerzo. Sería un error sugerir que las diferencias no importan o que una sola solución o batalla las resolverá todas. Pero, al mismo tiempo, debemos adoptar el señalamiento del Dr. King a Chávez —que estas luchas tienen en común la búsqueda de libertad, de la dignidad humana básica. El movimiento Black Lives Matter no puede ser solo un llamado unificador para la raza negra, sino un estandarte con el cual se identifiquen todas las personas decentes. Las mujeres que denuncian el abuso y el acoso a través de #MeToo no pueden lograr cambios permanentes en el lugar de trabajo a menos que los hombres también apoyen el esfuerzo. Las victorias de un grupo pueden conducir a victorias para otros, en los tribunales y en toda la sociedad. Ninguno de nosotros —ninguno— debe tener que luchar solo.

Si tenemos la suerte de estar en una posición de poder, si nuestra voz y nuestras acciones pueden cambiar las cosas, ¿no tenemos una obligación especial? Ser aliado no puede ser únicamente asentir con la cabeza cuando alguien dice algo con lo que coincidimos —aunque eso sea importante. Tiene que incluir la acción. Nuestra labor es defender a quienes no están en la mesa donde se toman las decisiones que cambian vidas. No solo a quienes se ven como nosotros. No solo a quienes necesitan lo mismo que nosotros. No solo a los que han obtenido una audiencia con nosotros. Nuestro deber es mejorar la condición humana —en todas las formas posibles, para todo aquel que lo necesite.

SI VALE LA PENA LUCHAR POR ELLO ES UNA LUCHA QUE VALE LA PENA

En la Corte Suprema hay nueve magistrados. Es un puesto vitalicio, por lo cual cuando un juez se jubila, el presidente tiene que elegir su reemplazo, pero esa persona tiene que ser confirmada por el senado de los Estados Unidos. El primer obstáculo que un nominado tiene que superar es el Comité de Asuntos Judiciales. Yo había sido designada al Comité de Asuntos Judiciales diez meses antes y había anticipado que sería parte del proceso de ratificación de un juez de la Corte Suprema. Pero cuando el juez Anthony Kennedy anunció su retiro el 27 de junio de 2018, yo estuve entre los millones de personas que se quedaron pasmados y consternados, particularmente al saber que el juez Brett Kavanaugh había sido el elegido para reemplazarlo.

De acuerdo con sus declaraciones públicas, sus escritos

y sus informes judiciales, sabíamos que el juez Kavanaugh era hostil hacia los derechos civiles, el derecho al voto y los derechos reproductivos —el derecho de la mujer a decidir cuándo tendrá hijos o si no los tendrá. Sabíamos que sería un voto seguro en contra de los sindicatos, en contra del medio ambiente, en contra de la reglamentación de los negocios.

Sabíamos antes de su primera ronda de audiencias de confirmación que había algo en su pasado que el juez Kavanaugh y la Casa Blanca estaban tratando de ocultar. Y lo supimos porque el 90 por ciento del expediente del juez Kavanaugh se escondió de los miembros del Comité de Asuntos Judiciales. Supimos después de esas primeras audiencias que Kavanaugh indujo a error al senado bajo juramento: acerca de su participación en el robo de documentos, acerca de su trabajo con nominados judiciales controversiales y en otros asuntos.

Supimos todo esto primero. Después, nos enteramos de algo más. Conocimos su nombre, Dra. Christine Blasey Ford. Y conocimos su historia.

Descubrimos que cuando estaba en la preparatoria, Christine Blasey Ford fue a una fiesta en una casa con mucha gente, donde Brett Kavanaugh se abalanzó sobre ella, la apretó contra su cuerpo y la manoseó mientras intentaba quitarle la ropa. Descubrimos que, cuando ella trató de gritar, él le tapó la boca con la mano, que ella pensó que él iba a violarla, que tuvo miedo de que pudiera matarla accidentalmente.

—Pude levantarme y salir corriendo de la habitación —explicó la Dra. Ford al testificar bajo juramento ante el Comité de Asuntos Judiciales sobre la agresión—. Frente a la habitación había un baño pequeño. Corrí adentro y cerré la puerta con llave. Oí a Brett y a [su amigo] Mark salir de la habitación riéndose y bajar escandalosamente por las angostas escaleras, tropezando con las paredes a su paso.

—Esperé y cuando no los oí regresar, salí del baño, bajé corriendo las escaleras, crucé la sala y salí de la casa —continuó—. Recuerdo que estaba en la calle y sentí un enorme alivio por haber escapado de la casa y que Brett y Mark no me hubieran seguido.

La observé boquiabierta según contaba su historia. Frente a la Dra. Ford estaban sentados los 21 miembros del Comité de Asuntos Judiciales, mirando hacia abajo desde un estrado elevado. Detrás de ella, un público compuesto por muchos extraños. A su izquierda, estaba Rachel Mitchell, una fiscal de Arizona quien le haría las preguntas a la Dra. Ford en lugar de los miembros republicanos del comité —todos hombres—, quienes aparentemente dudaban de su propia capacidad para interrogarla. Además, había guardaespaldas en la sala, cuya protección necesitaba ahora la Dra. Ford. Y, por supuesto, estaban las cámaras, transmitiendo cada momento, cada movimiento, cada palabra hablada y lágrima derramada a un público nacional. Este no era el lugar para que una persona hablara sobre el peor día de su vida.

Sin embargo, allí estaba ella, ante nosotros y ante el mundo —incluso después de amenazas de muerte, aun después de tener que abandonar su casa, aun después de incontables ataques viles que le lanzaban en línea. Christine Blasey Ford vino a Washington por el sentido de lo que ella llamó su deber ciudadano y declaró en una de las más extraordinarias demostraciones de valor que he visto en mi vida. Y una que inspiraría a otras personas a hacer lo mismo.

El juez Kavanaugh ofreció su respuesta más tarde ese día y poco después de terminar de declarar, los líderes republicanos programaron la votación del comité sobre su nominación para el día siguiente.

A la mañana siguiente, una manifestante de nombre Ana María Archila se presentó al senador republicano por Arizona Jeff Flake en los pasillos del Congreso.

—El lunes, me paré frente a su oficina —exclamó cuando él entraba al ascensor—. Le conté la historia de mi agresión sexual. La conté porque reconocí en la historia de la Dra. Ford que ella estaba diciendo la verdad. ¡Ustedes están permitiendo que alguien que violó a una mujer se siente en la Corte Suprema! ¡Eso no se puede tolerar!

Cuando ella hablaba, el senador Flake asentía con la cabeza, pero no la miró. Después, otra sobreviviente, Maria Gallagher, habló:

—Yo fui víctima de agresión sexual y nadie me creyó. No le dije a nadie, y ustedes están diciendo a todas las mujeres que ellas no importan, que solo deben quedarse calladas porque, si les dicen qué les pasó, ustedes van a ignorarlas. Eso fue lo que pasó conmigo y eso es lo que ustedes les están diciendo a todas las mujeres en Estados Unidos, que ellas no importan.

El senador Flake siguió evadiendo la mirada de la mujer.

—¡Míreme cuando le hablo! —dijo ella con voz entrecortada—. Usted me está diciendo que mi agresión no importa, que lo me pasó no importa, y que va a dejar que las personas que hacen estas cosas lleguen al poder. Eso es lo que está diciendo si vota por él. ¡No me esquive la mirada!

Las puertas del ascensor se cerraron y el senador Flake siguió a la sala donde el Comité de Asuntos Judiciales votaba por la confirmación de Brett Kavanaugh.

Hay muchas razones por las cuales los sobrevivientes de una agresión sexual no lo informan y una de ellas es el miedo —de que no les crean.

—Todos los días calculaba los riesgos/beneficios de denunciarlo y me preguntaba si solo estaría saltando frente a un tren que seguiría de todos modos hacia su destino — había dicho la Dra. Ford cuando testificó—, y que yo simplemente sería aniquilada personalmente.

A medida que los senadores republicanos seguían adelante, ese miedo parecía justificado. Esos senadores optaron por no creer a Christine Blasey Ford, aun cuando ella había arriesgado todo para advertirles lo que ella sabía, aun cuando ella se había comunicado antes de que el juez Kavanaugh fuera siquiera nominado, aun cuando ella no tenía motivos para mentir.

Eligieron no creer a la Dra. Ford mientras se negaban a realizar una investigación real, aun cuando ella tenía información que respaldaba sus alegaciones, aun cuando más de una persona acusaban al juez Kavanaugh. Para los defensores del juez Kavanaugh, el costo de creerle a ella —el costo de la verdad misma— era simplemente demasiado alto.

—Esto ha sido poder bruto —dije después de encabezar una retirada de la audiencia del comité—. Han visto la muestra en la audiencia esta mañana: lo han visto en el proceso desde el inicio… Este cuerpo ha fracasado en demostrar ser deliberativo, como ha dicho siempre que debe ser.

Cuando regresé a la sala, había rumores. Parecía que el

senador Flake se había conmovido por las sobrevivientes que lo detuvieron en el ascensor. Después de consultar con el senador Chris Coons, demócrata por Delaware, y otros, el senador Flake pidió que se aplazara el voto final para darle una semana al FBI para investigar más. Fue una pausa bienvenida.

Ahora sabemos que la victoria que se sintió en ese momento no duraría mucho, pero de todos modos fue significativa. Dos sobrevivientes de agresión sexual de pie frente a un ascensor aparentemente hicieron cambiar de opinión a un senador que la mayoría consideraba inflexible, aseguraron una investigación del FBI y obligaron a un aplazamiento en un proceso fuera de control. En ese momento, esas dos mujeres valientes fueron más poderosas que todos los senadores demócratas en el Comité de Asuntos Judiciales. Juntas, pusieron en pausa la historia y nos dieron una última oportunidad para prevalecer.

Pero a la Casa Blanca le quedaba una carta por jugar. La administración limitó el alcance de la investigación al determinar con quiénes podía hablar el FBI, incluso evitó que los agentes dieran seguimiento a la Dra. Ford y al juez Kavanaugh. Aun así, para los senadores clave indecisos, el hecho de que hubiera una investigación de cualquier índole era suficiente. El 6 de octubre de 2018, yo estaba en el pleno del senado y observé cuando el juez Kavanaugh era confirmado.

Con este nombramiento vitalicio, el juez Kavanaugh estará en posición, junto con la mayoría conservadora en la corte, de despojar a una mujer del derecho a terminar su embarazo; de destripar la Ley de Cuidado de la Salud Asequible; de eliminar la reglamentación de las corporaciones; de deshacer los derechos fundamentales a votar, a casarse y la privacidad. Me preocupa la manera en que su partidismo y su temperamento infectarán la corte, cómo influirán en su toma de decisiones, cómo perjudicará a tantas personas que busquen desagravio en los tribunales. Me preocupa el efecto sobre la corte misma de tener entre sus magistrados a un hombre convincentemente acusado de agresión sexual. Me preocupa el mensaje que se ha enviado otra vez a los estadounidenses y al mundo: que, en nuestro país, hoy día alguien puede enfurecer, atacar, resistirse a rendir cuentas y aun así ascender a un cargo con un poder extraordinario sobre las vidas de las demás personas.

Pero hay cosas que no me preocupan: No me preocupa nuestro compromiso de luchar por un mejor país. No me preocupa que esta experiencia haya minado nuestra voluntad. Elegimos luchar no porque tuviéramos la certeza de que ganaríamos, sino porque teníamos la certeza de que era lo correcto. Eso debe ser lo único que importe. Aun cuando no prevalecimos, esta lucha era importante.

La denuncia de la Dra. Ford no fue en vano. Como dijo el senador Patrick Leahy acerca de su decisión de hablar, "La valentía es contagiosa". Las cámaras y los micrófonos que la Dra. Ford nunca buscó llevaron su historia y su mensaje mucho más allá de la sala de nuestro comité, inspiró a mujeres y hombres a contar sus propias historias de agresión sexual, muchos por primera vez. El día que la Dra. Ford declaró, la línea de ayuda nacional para víctimas de agresión sexual experimentó un incremento en llamadas del 200 por ciento. Las mujeres llamaron a las estaciones de televisión para compartir sus historias. Escribieron ensayos. Informaron a sus esposos y padres. Dijeron la verdad y, al hacerlo, dejaron más patente que nunca que la violencia sexual está mucho más generalizada de lo que nos gustaría creer.

Para estas sobrevivientes no fue agradable revivir su angustia. Pero sus voces, al igual que la de la Dra. Ford, tendrán un alcance perdurable.

Ciertamente, si bien esta batalla terminó, su impacto todavía está por verse. La historia ha demostrado que la voluntad de una persona para defender lo que es correcto puede ser la chispa que encienda el cambio trascendental.

No soy ingenua. Camino por los mismos pasillos donde un senador republicano les dijo a las sobrevivientes de agresión sexual que "maduraran" y donde otro describió a las sobrevivientes que protestaban como una "mafia", al mismo tiempo que el presidente al que responde incitaba a una multitud a humillar a la Dra. Ford. Yo sé —todos lo sabemos— que falta un gran trecho para que las mujeres recibamos todo el respeto y la dignidad que merecemos. Pero me anima ver una cantidad sin precedentes de mujeres candidatas y muchas más que tienen la motivación política. Me infunden ánimo los nuevos vínculos que se han forjado más allá de divisiones de raza, edad, trasfondo, experiencia y género cuando hombres y mujeres abogan hombro con hombro por la justicia, la igualdad y los derechos básicos.

Este progreso es el producto de un movimiento. Nos fortaleceremos con cada esfuerzo, aun cuando tengamos reveses. Obtendremos sabiduría de cada capítulo, incluso cuando las lecciones sean duras. Enfrentaremos lo que venga con la convicción de que el cambio es posible —con la certeza de que, al igual que el sol siempre vuelve a brillar, la verdad siempre saldrá a la luz.

PUEDE QUE SEAS EL PRIMERO. NO SEAS EL ÚLTIMO.

Estaba en medio de mi primera campaña para fiscal de distrito cuando recibí una llamada de una vieja amiga de la escuela de derecho, Lisa, quien trabajaba como consejera profesional en una escuela de derecho cercana. Ella había conocido a una joven negra de nombre Venus Johnson, estudiante de segundo año de Derecho quien había crecido en Oakland, hija de una inmigrante, con sueños de convertirse en fiscal en su ciudad. No es de sorprender que cuando mi amiga oyó la historia de Venus pensara en mí.

Hicimos los arreglos para pasar un día juntas en el otoño del 2003, y a partir del momento en que estreché la mano de Venus, pude sentir la increíble sensación de todo lo que teníamos en común. Podía verme reflejada en ella. Ella fue tan amable que pasó el día siguiéndome a todas partes mientras yo hacía campaña y recados. En un momento, pasamos por el frente de una tienda que tenía un letrero de mi oponente en la vitrina. "Vamos", le dije a Venus sacando del maletero uno de mis letreros. Entramos, le di la mano al dueño de la tienda y le pedí su apoyo.

—Pero… eh… ya tengo el letrero de otro candidato en la vitrina —me dijo, sin saber qué hacer conmigo.

—Está bien —le contesté—. ¡Puede poner el mío también! Él accedió y seguimos nuestro camino.

Durante el almuerzo, Venus y yo hablamos sobre los motivos por los cuales quería ser fiscal y la clase de trabajo que esperaba hacer. Supe que su padre había tenido una larga carrera en el orden público y que ella se imaginó luchando en nombre de las víctimas. Le dije que yo había tomado un camino similar y le recomendé que siguiera sus instintos y se fuera a su ciudad y se uniera a la oficina del fiscal de distrito del Condado de Alameda. Le dije que, con mucho gusto, haría algunas llamadas para ayudarla.

Ella parecía asombrada de que yo hiciera eso por ella. Le conté que mi madre solía decir algo que siempre valoré mucho: "Puede que seas la primera. No seas la última". Mi madre llegó a donde estaba con la ayuda de mentores. Yo llegué a donde estaba también gracias a mis mentores. Y yo tenía la intención de ser mentora de tantas personas como pudiera durante mi carrera profesional.

Unos cuantos años después de mi primera conversación con Venus, ella obtuvo el empleo que deseaba en la oficina del fiscal de distrito del Condado de Alameda. Trabajó allí durante ocho años y, como yo, se especializó en ayudar a las víctimas de violencia sexual. Durante esos años hablamos con regularidad. En el 2014, vino a trabajar conmigo en la oficina del fiscal general y cerca de un año después de estar trabajando en asuntos legislativos para mí, le hice una petición especial.

La llamé a mi oficina. "Quiero que seas mi fiscal general auxiliar y mi jefa de gabinete". Hubo una pausa considerable.

"¿Yo?", preguntó. "¡Sí, tú!" He tenido muy buena suerte en mi vida, pero no creo que me haya sentido tan dichosa como en el momento que dijo 'sí'. No pude haber deseado una persona mejor para ser parte de mi equipo.

Durante esos años, pasamos mucho tiempo juntas. Hemos seguido hablando desde nuestra época en la oficina del fiscal general. Algunas veces sobre sus casos. Otras, sobre algún cambio profesional que estaba considerando. Una vez, acerca de una receta para un increíble caldo de pollo.

Venus fue parte de la inspiración para un mensaje que doy con frecuencia, particularmente a grupos de mujeres jóvenes. Me gusta iniciarlas en lo que llamo el club de modelos a imitar (Role Models Club).

Les digo que, no importa la profesión que elijan, deben seguir levantando las manos, compartiendo —y llevándose el crédito por— sus buenas ideas, y saber que merecen llegar tan alto como se atrevan a escalar. También les digo que, si ven a alguien que necesita ayuda, deben salirse del camino y ayudarla a levantarse.

Les digo que, algunas veces, las socias del club de modelos a imitar pueden sentirse solas. Puede que, a veces, piensen "¿Tengo que cargar sola todo este peso?" La realidad es que se encontrarán en habitaciones donde nadie se les parece. Y romper barreras puede ser aterrador. Cuando rompes un techo de vidrio, te vas a cortar y te va a doler. No se consigue sin dolor. Pero les pido que miren a su alrededor, que se miren unas a otras y que guarden esa imagen en sus mentes, en sus corazones y en sus almas. Les digo que recuerden que nunca están solas en esas habitaciones —que todas estamos ahí con ellas, animándolas. Así que, cuando se pongan de pie, cuando hablen, cuando expresen sus pensamientos y sentimientos, deben saber que todas estamos allí en esa habitación con ellas y les cubrimos las espaldas. Yo sé que Venus siempre cubre la mía.

He visto muchas cosas en mis años de servicio público. Y no todo lo que he aprendido se puede resumir. Pero me llevo la firme convicción de que las personas son, en esencia, buenas. Y de que, si tienen la oportunidad, generalmente extenderán la mano para ayudar a sus vecinos.

He aprendido, a través de la historia y de la experiencia, que el progreso no es como una escalera eléctrica que sube de forma uniforme y suave. Algunas veces, simplemente pasa de un punto muerto a otro. Otras veces, retrocedemos de manera trágica. A veces damos un salto adelante y logramos cosas más allá del ámbito de lo que creíamos posible. Creo que nuestra labor es proporcionar la propulsión que nos llevará a un plano superior.

La Constitución de los Estados Unidos comienza con la idea de que "Nosotros, el Pueblo" podemos formar "una unión más perfecta". Todavía no hemos alcanzado esa unión perfecta. Junto a los grandes logros del experimento estadounidense yace una historia oscura con la que tenemos que lidiar en el presente. Cuando tenemos potentes vientos de frente, es fácil cansarse. Sentirse agobiado. Pero no podemos rendirnos. Nuestro colapso comenzará en el momento que dejemos de imaginar un futuro mejor y de luchar por él. Permítanme decir una última verdad: A pesar de todas nuestras diferencias, de todas las batallas, de todas las luchas, seguimos siendo una sola familia estadounidense, y como tal debemos actuar. Son muchas más las cosas que tenemos en común que las que nos separan. Debemos pintar un panorama de futuro en el cual cada persona pueda verse a sí misma y se vean todos. Un retrato dinámico de un Estados Unidos dinámico, donde se trate a todos con la misma dignidad y donde cada uno de nosotros tenga las oportunidades para sacar el máximo provecho de nuestras vidas. Esta es la visión por la que vale la pena luchar, nacida del amor por nuestro país. Es una lucha milenaria. Cada generación tiene que renovar el compromiso con el trabajo, con el esfuerzo y con el verdadero significado de la palabra "patriota". Un patriota no es alguien que tolera la conducta de nuestro país, sin importar lo que haga; es alguien que lucha cada día por los ideales del país, cueste lo que cueste.

Lo que he visto, particularmente desde que me convertí en senadora de los Estados Unidos, es que es una lucha nacida también del optimismo. Veo centenares de Soñadores caminando por los pasillos del Capitolio quienes creen que si los escuchan ellos pueden marcar la diferencia. Y lo harán. Lo veo en los padres que viajan de todas partes del país a Washington con sus niños discapacitados, para mostrar al Congreso las cartas de aquellos que perderían la cobertura si se deroga la Ley de Cuidado de la Salud Asequible. Lo veo en las mujeres que luchan cada día por el derecho a tomar sus propias decisiones sobre sus cuerpos. Lo veo en los niños que han sobrevivido a incidentes de violencia con armas de fuego, quienes marchan y luchan y se organizan para lograr leyes para la seguridad de las armas de fuego y quienes han logrado victorias importantes que aseguran que un mejor futuro es posible.

Cuando viajo por el país, veo ese optimismo en los ojos de niños de cinco, de siete y de diez años que encuentran un sentido de propósito al ser parte de la lucha. Lo veo y lo siento en la energía de las personas que conozco. Sí, la gente está marchando, la gente está gritando. Pero lo hacen con optimismo. Por eso van con sus bebés. Por eso mis padres me llevaban en el cochecito a las marchas por los derechos civiles. Porque, no importa lo abrumadoras que puedan ser las circunstancias, ellos confían, al igual que yo, en que un mejor futuro es posible para todos nosotros.

Mi desafío diario a mí misma es ser parte de la solución, ser un guerrero alegre en la batalla que vendrá. Mi reto para ustedes es que se unan a ese esfuerzo. Defender nuestros ideales y nuestros valores. No es hora de brazos caídos sino de poner manos a la obra. No podemos rendirnos ahora, ni mañana ni nunca.

Dentro de unos años, nuestros hijos y nietos mirarán hacia arriba y nos sostendrán la mirada. Nos preguntarán dónde estábamos cuando había tanto en juego. Nos preguntarán cómo eran las cosas. No quiero que les digamos solo cómo se sentía. Quiero que les digamos lo que hicimos.

AGRADECIMIENTOS

Cuando me senté a escribir acerca de mi vida, no esperaba que el proceso en sí mismo se convirtiera en una experiencia de vida. Durante uno de los años más tumultuosos de los tiempos recientes, mis semanas comenzaban temprano y terminaban tarde y pasaba la mayoría de los fines de semana trabajando en este libro: recordando las experiencias profesionales que han culminado en este; repasando la infancia que moldeó mi manera de pensar; y reflexionando sobre lo que representa este punto de inflexión. Escribir este libro ha reforzado para mí lo que me llevó al servicio público y por lo que siempre valdrá la pena luchar. Estoy muy agradecida de todas las personas en mi vida que me ayudaron por el camino. Son muchos a los que tengo que dar las gracias.

Primero, tengo que agradecer al pueblo de California, a quienes me siento honrada de representar. Gracias por creer en un futuro más brillante para nuestro estado y para nuestro país, y por trabajar duro para hacerlo realidad. Gracias por creer en mí, por darme su confianza durante todos estos años. Quiero que sepan que me esfuerzo cada día para merecerla. Y quiero agradecer particularmente a las personas que me escribieron cartas y me permitieron compartir extractos de ellas en este libro. Sus historias importan.

Quiero agradecer también a mi extraordinario equipo en el senado, tanto en Washington como en California, por la labor esencial que realizan cada día a nombre del pueblo estadounidense. Estoy muy agradecida por su sentido de propósito y su dedicación. Sé que este trabajo es personal para todos ustedes. Particularmente, quiero agradecer a Tyrone Gale, quien comenzó conmigo el primer día en el senado como mi secretario de prensa y a quien perdimos recientemente a causa del cáncer. Tyrone es irremplazable. Era un talento excepcional y una persona excepcional —amable, cálido, generoso y totalmente comprometido con el servicio público. Quienes lo conocimos lo recordaremos siempre y trataremos cada día de seguir su ejemplo.

Como todo en mi vida, este libro no habría sido posible sin el amor, el apoyo y la ayuda de mi familia. Doug, gracias por tus consejos, por animarme y darme tu opinión sobre este proyecto. Cole y Ella, ustedes son una fuente inagotable de amor y pura alegría para mí. A medida que los veo adentrarse al mundo, eligiendo sus propias rutas únicas, me siento muy orgullosa, cada día, de ser su Momala.

Maya, escribir este libro fue como revivir nuestra infancia. La lista de cosas por las que tengo que darte las gracias es demasiado larga para caber en estas páginas. Así que, déjame simplemente agradecerte las sugerencias y conocimientos que me ofreciste durante todo el proceso. Gracias, también por darme un hermano en Tony y por Meena. Meena, te recuerdo cuando tenías dos años y caminabas por toda la casa usando mis zapatos. Ahora, te has convertido en líder por tus propios méritos, has forjado una importante trayectoria y valoro tus consejos. Gracias por todo, especialmente por mis sobrinitas, Amara y Leela, y por su increíble papá, Nik.

Gracias a mi padre, quien, cuando yo era una niña pequeña, me alentó a no tener miedo. Gracias a mi Chittis, Sarala y Chinni, y a mi tío Balu, por el amor que me han brindado a través de grandes distancias. Gracias a tía Lenore, por ser una parte tan importante de mi vida y a tío Aubrey, por compartir los recuerdos de esos primeros días durante el proceso de redacción. Y gracias a Mimi y a Denise por animarme siempre.

A Chrisette y a Reggie, gracias por animarme a escribir este libro en su primera etapa. He mencionado a muchos de mis amigos personales más queridos en este libro y podría haber escrito varios volúmenes sobre las experiencias que hemos compartido. Baste con decir que estoy muy agradecida con Amy, Chrisette, Lo, Stacey, Vanessa y todos (demasiados para mencionar aquí) con quienes he sido bendecida de compartir este viaje por la vida. Cuando las personas me preguntan cuál es el secreto de la vida, les digo que es tener buenos amigos que se convierten en tu familia. Eso es lo que todos ustedes han sido para mí y lo que yo he intentado ser para ustedes. Y gracias por todos los ahijados que han traído a mi vida.

Este libro no habría sido posible sin el apoyo de mi familia extendida también —el equipo y personal pasado y actual que han estado a mi lado a lo largo de los años.

Gracias a mis asesores de toda la vida Ace Smith, Sean Clegg y Juan Rodríguez por siempre estar ahí para mí y por sus conocimientos y perspectivas a través de los años.

Estoy profundamente agradecida a mi antiguo equipo de mis días como fiscal general y fiscal de distrito. Todos ustedes se fueron a realizar cosas extraordinarias, pero han seguido siendo parte de la familia. Hay muchos a los que doy las gracias, en especial a Venus Johnson, Debbie Mesloh, Brian Nelson, Lateefah Simon, Dan Suvor, Michael Troncoso y otros, por toda la ayuda con este proyecto. Y gracias a Josie Duffy Rice, quien es como una sobrina para mí, por tus comentarios y sugerencias al manuscrito. Respeto mucho tu perspectiva y tus percepciones. También quiero agradecer a John Pérez, a quien todavía me refiero como Mr. Speaker, así como a Marc Elias, por tus sabios consejos.

Por supuesto, nada de esto hubiese sido posible sin el extraordinario equipo de Penguin, encabezado por Scott Moyers. Scott, fuiste el mejor editor que alguien puede desear y siempre te estaré agradecida por entender la visión del libro que yo quería escribir. Gracias a Jill Santopolo y a su talentoso equipo en Philomel Books, en especial a Ruby Shamir y a Talia Benamy, por ayudarme a compartir mi historia con los lectores más jóvenes. Gracias a Creative Artists Agency, particularmente a Mollie Glick, David Larabell, Craig Gering, Michelle Kydd Lee y Ryder White por todo su esfuerzo para hacer de esto una realidad.

Quiero dar las gracias a mis colaboradores, Vinca LaFleur y Dylan Loewe, por su compromiso, compasión y, como no, su paciencia. Hicieron de este proceso un placer.

Y un gran agradecimiento a su equipo de investigación y corroboración de datos: Brian Agler, Zach Hindin, Steven Kelly, Machmud Makhmudov, Maggie Mallon y Raul Quintana.

Y gracias a Dorothy Hearst por nuestro importante trabajo juntas en las primeras etapas de este proyecto.

Finalmente, quiero dar gracias a todas las personas que amo y que ya no están con nosotros. No sé qué clase de distribución de libros tiene Penguin en el cielo, pero tía Mary, tío Freddy, tío Sherman, el señor y la señora Shelton, tía Chris, tía Bea, Henry Ramsey, Jim Rivaldo, la señora Wilson y mis abuelos: este libro es un tributo a todo lo que ustedes significaban para mí, a cuánto de mi vida fue moldeada por ustedes, cuán importantes eran.

Mami, tú eres la estrella de este libro, porque tú fuiste la razón de todo. Han pasado casi diez años desde que te perdimos y te extraño muchísimo. Todavía es difícil aceptar la vida sin ti. Pero creo que nos observas desde arriba. Cuando me encuentro ante una decisión difícil, me pregunto "¿Qué pensaría mami?" Y de esa forma, tú estás aquí. Espero de todo corazón que este libro ayude a quienes nunca te conocieron a entender la clase de persona que eras. Lo que significaba ser Shyamala Harris. Y lo que significa ser su hija.

NOTAS

PREFACIO

xi **Poco después, nos enteramos:** Phil Willon, "Kamala Harris Breaks a Color Barrier with Her U.S. Senate Win" [Kamala Harris rompe la barrera del color con su victoria en el Senado de los EE. UU.], *Los Angeles Times*, 8 de noviembre de 2016, http://www.latimes.com/politics/la-pol-ca-senate-race-kamala-harris-wins-20161108-story.html.

xiv **"No podemos comportarnos como avestruces":** Thurgood Marshall, "The Meaning of Liberty" [El significado de la libertad], mensaje de aceptación al recibir el Premio Liberty el 4 de julio de 1992, http://www.naacpldf.org/press-release/thurgood-marshalls-stirring-acceptance-speech-after-receiving-prestigious-liberty-award-on-july-4-1992.

CAPÍTULO 1: POR EL PUEBLO

10 **Recibieron invitados prominentes:** Donna Murch, "The Campus and the Street: Race, Migration, and the Origins of the Black Panther Party in Oakland, CA" [El campus y la calle: raza, migración y los orígenes del Partido de las Panteras Negras en Oakland, CA], *Souls* 9, n.o 4 (2007): 333-45, https://doi.org/10.1080/10999940701703794.

37 **Contrario a la oficina del fiscal de distrito:** Abogado de la ciudad de San Francisco, https://www.sfcityattorney.org/aboutus/theoffice.

CAPÍTULO 2: UNA VOZ PARA LA JUSTICIA

42 **los desperdicios tóxicos contaminaron el suelo:** *Pollution, Health, Environmental Racism and Injustice: A Toxic Inventory of Bayview Hunters Point, San Francisco* [Contaminación, salud, racismo ambiental e injusticia: Un inventario tóxico de Bayview Hunters Point, San Francisco] (San Francisco: Hunters Point Mothers Environmental Health and Justice Committee, Huntersview Tenants Association, and Greenaction for Health

& Environmental Justice, 2012), http://greenaction.org/wp-content/uploads/2012/08/TheStateoftheEnvironment090204Final.pdf.

50 **más de nueve de cada diez:** Nicolas Fandos, "A Study Documents the Paucity of Black Elected Prosecutors: Zero in Most States" [Un estudio documenta la escasez de fiscales negros electos: cero en la mayoría de los estados], *New York Times*, 7 de julio de 2015, https://www.nytimes.com/2015/07/07/us/a-study-documents-the-paucity-of-black-elected-prosecutors-zero-in-most-states.html.

51 **En total, teníamos más:** Universidad de Londres, Instituto de investigación de política criminal, *World Prison Brief* [Resumen de prisiones del mundo], consultado el 25 de octubre de 2018, http://www.prisonstudies.org/highest-to-lowest/prison-population-total?field_region_taxonomy_tid=All.

59 **Lateefah era una adolescente:** Kevin Cartwright, "Activist Awarded for Work with Troubled Youth" [Activista reconocida por su labor con jóvenes problemáticos], *The Crisis* 111, n.o 1 (enero/febrero 2004): 9, https://books.google.com/books?id=Ice84BEC2yoC&pg.

60 **"Vi resiliencia en esas jóvenes":** Carolyn Jones, "Lateefah Simon: Youth Advocate Nominated as Visionary of the Year" [Lateefah Simon: Defensora de jóvenes nominada como visionaria del año], *SFGate*, 5 de enero de 2015, https://www.sfgate.com/visionsf/article/Lateefah-Simon-Youth-advocate-nominated-as-5993578.php.

61 **cerca del 70 por ciento vuelve a cometer un delito:** "NRRC Facts and Trends" [Datos y tendencias del NRRC], National Reentry Resource Center, Council of State Governments Justice Center, https://csgjusticecenter.org/nrrc/facts-and-trends.

64 **Además, era menos costoso:** Departamento de Justicia de los EE. UU., Oficina de Programas de Justicia, *Back on Track: A Problem-Solving Reentry Court* [*Back on Track:* un tribunal de reingreso que resuelve problemas], por Jacquelyn L. Rivers y Lenore Anderson, FS 00316 (Washington, DC, septiembre de 2009), https://www.bja.gov/Publications/backontrackfs.pdf.

69 **los ahorros que muchos estadounidenses tienen:** Junta de Gobernadores del Sistema de la Reserva Federal, Estudio de las finanzas del consumidor, 2016 (Washington, DC, 2016), https://www.federalreserve.gov/econres/scfindex.htm.

70 *The New York Times Magazine* **presentó:** Nick Pinto, "The Bail Trap" [La

trampa de la fianza], *New York Times Magazine*, 13 de agosto de 2015, https://www.nytimes.com/2015/08/16/magazine/the-bail-trap.html.

71 **Los hombres latinos pagan cerca:** Kamala Harris y Rand Paul, "To Shrink Jails, Let's Reform Bail" [Para reducir las cárceles, vamos a reformar la fianza], op-ed, *New York Times*, 20 de julio de 2017, https://www.nytimes.com/2017/07/20/opinion/kamala-harris-and-rand-paul-lets-reform-bail.html.

72 **Una década después del:** *33 States Reform Criminal Justice Policies Through Justice Reinvestment* [Treinta y tres estados reforman las políticas de justicia penal a través de la reinversión de la justicia] (Philadelphia: Pew Charitable Trusts, noviembre de 2016), http://www.pewtrusts.org/~/media/assets/2017/08/33_states_reform_criminal_justice_policies_through_justice_reinvestment.pdf.

72 **Y desde el 2010, 23 estados:** Chris Mai y Ram Subramanian, *The Price of Prisons: Examining State Spending Trends, 2010–2015* [El precio de las prisiones: examen de las tendencias de gastos estatales, 2010-2015] (New York: Vera Institute of Justice, mayo de 2017), https://www.vera.org/publications/price-of-prisons-2015-state-spending-trends.

74 **tres veces más probable:** C.K., "Black Boys Are the Least Likely of Any Group to Escape Poverty" [Los muchachos negros son el grupo con menos probabilidades de escapar de la pobreza], *The Economist*, 2 de abril de 2018, https:// www.economist.com/blogs democracyinamerica/2018/04broken-ladder.

74 **la probabilidad de que sean arrestados es el doble:** C.K., "Black Boys".

74 **seis veces más probabilidades:** Janelle Jones, John Schmitt y Valerie Wilson, *50 Years After the Kerner Commission* [Cincuenta años después de la Comisión Kerner] (Washington, DC: Instituto de Política Económica, 26 de febrero de 2018), https://www.epi.org/publication/50-years-after-the-kerner-commission.

74 **sentencias a los hombres negros son cerca del 20 por ciento:** Unión Americana de Libertades Civiles, Presentación por escrito de la Unión Americana de Libertades Civiles sobre las desigualdades raciales en las sentencias, audiencias sobre informes de racismo en el sistema judicial de los Estados Unidos, presentado ante la Comisión Interamericana de Derechos Humanos, Sesión 153, 27 de octubre de 2014, https://www.aclu.org/sites/default/files/assets/141027_iachr_racial_disparities_aclu_submission_0.pdf.

CAPÍTULO 3: CON EL AGUA AL CUELLO

83 **"Jardín del Sol"**: Wallace Smith, Garden of the Sun: *A History of the San Joaquin Valley, 1772–1939*, [El Jardín del Sol: una historia del Valle de San Joaquín, 1772-1939], ed. William B. Secrest Jr., 2a ed. (Fresno, CA: Craven Street Books, 2004).

85 **millones de familias estadounidenses**: "Many Americans Ended Up Homeless During the Real Estate Crisis 10 Years Ago—Here's Where They Are Now" [Muchos estadounidenses terminaron sin hogar durante la crisis inmobiliaria hace 10 años: Dónde están ahora] *Business Insider*, 7 de agosto de 2018, https://www.businessinsider.com/heres-where-those-who-lost-homes-during-the-us-housing-crisis-are-now-2018-8.

86 **Diez años después de haber comprado su casa**: Alana Semuels, "The Never-Ending Foreclosure" [La ejecución interminable], *The Atlantic*, 1 de diciembre de 2017, https://www.theatlantic.com/business/archive/2017/12/the-neverending-foreclosure/547181.

86 **Se informó de casos de mascotas**: "Hidden Victims of Mortgage Crisis: Pets" [Víctimas ocultas de la crisis hipotecaria: las mascotas], NBC News, 29 de enero de 2008, http://www.nbcnews.com/id/22900994/ns/business-real_estate/t/hidden-victims-mortgage-crisis-pets/#.W2dfby2ZOEI; y Linton Weeks, "The Recession and Pets: Hard Times for Snoopy" [La recesión y las mascotas: Tiempos difíciles para Snoopy], *All Things Considered*, NPR, 6 de abril de 2009, https://www.npr.org/templates/story/story.php?storyId=102238430.

86 **Aproximadamente 5 millones de dueños de casas**: "2010's Record-Breaking Foreclosure Crisis: By the Numbers" [La crisis de las ejecuciones hipotecarias sin precedentes del 2010: Los números], *The Week*, 14 de enero de 2011, http://theweek.com/articles/488017/2010s-recordbreaking-foreclosure-crisis-by-numbers.

87 **y la ejecución hipotecaria de 2.5 millones**: "2010's Record-Breaking Foreclosure Crisis".

88 **para acelerar el procedimiento de ejecución hipotecaria**: "'Robo-Signers' Add to Foreclosure Fraud Mess" [Empleados autómatas se añaden al desastre del fraude de las ejecuciones], NBC News, 13 de octubre de 2010, http://www.nbcnews.com/id/39641329/ns/business-real_estate/t/robo-signers-add-foreclosure-fraud-mess.

90 **"una mujer candidata a fiscal general":** ProsperitasMember, "Pundits Explain Why Kamala Will Never Win (Oops)" [Expertos explican por qué Kamala nunca ganará (Ups)], video de YouTube, 3:00, publicado el 7 de diciembre de 2010, https://www.youtube.com/watch?v=1HemG2iLkTY.

94 **ahora yo estaba al frente de la contienda:** Jon Brooks, "Video: Steve Cooley Prematurely Declares Victory Last Night" [Video: Steve Cooley declaró la victoria anoche prematuramente], KQED News, 3 de noviembre de 2010, https://www.kqed.org/news/4195/video-steve-cooley-prematurely-declares-victory-last-night.

96 **De cerca de nueve millones de boletas de votación:** Jack Leonard, "Kamala Harris Wins Attorney General's Race as Steve Cooley Concedes [Updated]" [Kamala Harris gana la candidatura de fiscal general y Steve Cooley acepta la derrota (Actualizado)], *Los Angeles Times*, 24 de noviembre de 2010, http://latimesblogs.latimes.com/lanow/2010/11/steve-cooley-kamala-harris-attorney-general.html.

97 **37,000 dueños de casas hicieron fila:** CBS News, "The Next Housing Shock" [La siguiente sacudida de la vivienda], reportaje de *60 Minutes*, video de YouTube, 14:06, publicado el 3 de abril del 2011, https://www.youtube.com/watch?v=QwrO6jhtC5E.

99 **le dijeron que podían ayudarla:** Departamento de Justicia de California, "Attorney General Kamala D. Harris Convenes Roundtable with Foreclosure Victims" [Fiscal General Kamala D. Harris celebra mesa redonda con las víctimas de las ejecuciones hipotecarias], video de YouTube, 15:59, publicado el 22 de noviembre de 2011, https://www.youtube.com/watch?v=QbycqFzva5Q.

102 **Esa cantidad de dinero podría comprar:** "Can I Buy My Own 747 Plane—And How Much Would It Cost?" [¿Puedo comprar mi propio avión 747? y ¿Cuánto costaría?], *The Telegraph* (UK), 12 de mayo de 2017, https://www.telegraph.co.uk/travel/travel-truths/how-to-buy-an-aircraft-boeing-cost.

102 **quinientas familias de California:** "California Foreclosure Statistics: The Crisis is Not Over" [Estadísticas de las ejecuciones hipotecarias en California: La crisis no ha terminado], abril del 2012, http://www.responsiblelending.org/california/ca-mortgage/research-analysis/California-Foreclosure-Stats-April-2012.pdf.

CAPÍTULO 4: CAMPANAS DE BODA

116 **18 mil parejas del mismo sexo:** "Fed Court OKs Immediate Gay Marriages in California; SF Conducts 1st" [El tribunal federal aprueba que se reanuden de inmediato los matrimonios homosexuales en California; SF celebra el primero], KPIX CBS San Francisco, 28 de junio de 2013, http://sanfrancisco.cbslocal.com/2013/06/28/federal-court-oks-gay-marriage-to-resume-in-california-immediately.

120 **"no por su antigüedad":** Franklin D. Roosevelt, "Address on Constitution Day, Washington, D.C." [Discurso del Día de la Constitución], mensaje pronunciado el 17 de septiembre de 1937, American Presidency Project, http://www.presidency.ucsb.edu/ws/?pid=15459.

124 **cientos de bodas ese día:** Malia Wollan, "California Couples Line Up to Marry After Stay on Same-Sex Marriage Is Lifted" [Parejas en California hacen fila para casarse después de levantarse la suspensión de los matrimonios del mismo sexo], *New York Times*, 29 de junio de 2013, https://www.nytimes.com/2013/06/30/us/california-couples-line-up-to-marry-after-stay-on-same-sex-marriage-is-lifted.html.

130 **Nuestro primer informe, cuyos resultados:** Departamento de Justicia del Estado de California, Oficina del Fiscal General, "Report on California Elementary School Truancy Crisis: One Million Truant Students, Billions in Economic Harm" [Informe sobre la crisis de ausentismo en la escuela primaria: un millón de estudiantes ausentes, miles de millones en daños económicos], comunicado de prensa, 30 de septiembre de 2013, https://oag.ca.gov/news/press-releases/report-california-elementary-school-truancy-crisis-one-million-truant-students.

CAPÍTULO 5: YO DIGO QUE LUCHEMOS

147 **más de la mitad de las empresas:** Farhad Manjoo, "Why Silicon Valley Wouldn't Work Without Immigrants" [Por qué Silicon Valley no funcionaría sin los inmigrantes], *New York Times*, 8 de febrero de 2017, https://www.nytimes.com/2017/02/08/technology/personaltech/why-silicon-valley-wouldnt-work-without-immigrants.html.

147 **Ella deseaba poder decirles:** Phil Willon, "Newly Elected Kamala Harris Vows to Defy Trump on Immigration" [La recién elegida senadora Kamala Harris promete desafiar la política migratoria de Trump], *Los Angeles Times*,

20 de noviembre de 2016, http://www.latimes.com/politics/la-pol-ca-senate-kamala-harris-trump-20161110-story.html.

147 **cerca de seis millones de niños estadounidenses:** Leila Schochet, "Trump's Immigration Policies Are Harming American Children" [Las políticas de inmigración de Trump están perjudicando a los niños estadounidenses], Center for American Progress, 31 de julio de 2017, https://www.americanprogress.org/issues/early-childhood/reports/2017/07/31/436377/trumps-immigration-policies-harming-american-children.

155 **en los primeros cien días:** Schochet, "Trump's Immigration Policies".

155 **En el 2016, una cuarta parte de todos los niños:** Leila Schochet, "Trump's Attack on Immigrants Is Breaking the Backbone of America's Child Care System" [El ataque de Trump a los inmigrantes está quebrando los cimientos del sistema de cuidado infantil], Center for American Progress, 5 de febrero de 2018, https://www.americanprogress.org/issues/early-childhood/news/2018/02/05/445676/trumps-attack-immigrants-breaking-backbone-americas-child-care-system.

CAPÍTULO 6: NOSOTROS NO SOMOS ASÍ

161 **"de alguna manera ellos sabían":** Sankar Raman, "A Cardiac Scientist with Heart" [Una científica cardíaca con corazón], The Immigrant Story, 10 de julio de 2017, http://theimmigrantstory.org/scientist.

162 **tanto como $460 mil millones:** Zoe Henry, "800,000 Workers, $460 Billion in Economic Output, Dozens of Entrepreneurs: What the U.S. Loses if DACA Goes Away" [800,000 obreros, $460 mil millones en producción económica, decenas de empresarios: Lo que pierde EE. UU. si se va DACA], Inc., 5 de marzo de 2018, https://www.inc.com/zoe-henry/dreamer-entrepreneurs-respond-to-daca-uncertainty.html.

167 **En Centroamérica hay una región:** Rocío Cara Labrador y Danielle Renwick, "Central America's Violent Northern Triangle" [El violento Triángulo Norte de Centroamérica], Consejo de Relaciones Exteriores, 26 de junio de 2018, https://www.cfr.org/backgrounder/central-americas-violent-northern-triangle.

167 **cerca de cincuenta mil personas fueron asesinadas:** ídem.

168 **MS-13 y Mara 18:** ídem.

168 **Si hubiese una zona cero:** ídem.

170 **tienes un 50 por ciento de probabilidades:** *Continued Rise in Asylum Denial*

Rates: Impact of Representation and Nationality [Siguen aumentando las tasas de negación de asilo], Transactional Records Access Clearinghouse (TRAC), Syracuse University, 13 de diciembre de 2016, http://trac.syr.edu / immigration/reports/448.

172 **setecientos niños fueron separados:** Caitlin Dickerson, "Hundreds of Immigrant Children Have Been Taken from Parents at U.S. Border" [Cientos de niños inmigrantes han sido apartados de sus padres en la frontera de los EE. UU.], *New York Times*, 20 de abril de 2018, https://www.nytimes.com/2018/04/20/us /immigrant-children-separation-ice.html.

172 **la extraordinaria tensión y el trauma:** Colleen Kraft, Declaración de la AAP en oposición a separar a los niños de sus padres en la frontera, Academia Americana de Pediatría, 8 de mayo de 2018, https://www.aap.org/en-us/about-the-aap/aap-press-room/Pages/StatementOpposingSeparationofChildrenandParents.aspx.

179 **"No conozco todas las tareas":** Kamala D. Harris, Senadora de los EE. UU. por California, "At Hearing on Family Separations, Harris Blasts Immoral Separations and Inhumane Detention of Pregnant Women" [En la audiencia sobre la separación de las familias, Harris truena contra las separaciones inmorales y la detención inhumana de mujeres embarazadas], comunicado de prensa, 31 de julio de 2018, https://www.harris.senate.gov/news/press-releases/at-hearing-on-family -separations-harris-blasts-immoral-separations-and-inhumane-detention-of-pregnant-women.

179 **recurrir a pruebas de ADN:** Caitlin Dickerson, "Trump Administration in Chaotic Scramble to Reunify Migrant Families" [La administración de Trump en un enredo caótico para reunificar a las familias de inmigrantes], *New York Times*, 5 de julio de 2018, https://www.nytimes.com/2018/07/05/us/migrant-children-chaos-family-separation.html.

180 **"Estas madres han dado su testimonio":** "Sen. Kamala Harris Visits Otay Mesa Detention Center" [La senadora Kamala Harris visita el Centro de Detención Otay Mesa], NBC 7 San Diego, 22 de junio de 2018, https://www.nbcsandiego.com/on-air/as-seen-on/Sen_Kamala-Harris-Visits-Otay-Mesa Detention-Center_San-Diego-486286761.html.

181 **"De noche, algunas veces Andriy":** Brittny Mejia, "A 3-Year-Old Was Separated from His Father at the Border. Now His Parents Are Dealing with His Trauma" [Un niñito de tres años fue separado de su padre en la frontera.

Ahora sus padres están lidiando con su trauma], *Los Angeles Times*, 3 de julio de 2018, http://www.latimes.com/local/lanow/la-me-ln-separation-trauma-20180627-story.html.

182 **Jefferson estaba frío:** Esmeralda Bermúdez, "'I'm Here. I'm Here.' Father Reunited with Son amid Tears, Relief and Fear of What's Next" ["Estoy aquí, estoy aquí"; Padre e hijo se reúnen entre lágrimas, alivio y temor sobre qué es lo próximo], *Los Angeles Times*, 15 de julio de 2018, http://www.latimes.com/local/california/la-me-family-reunion-20180715-htmlstory.html.

182 **un bebé de 14 meses que fue devuelto:** Lisa Desjardins, Joshua Barajas y Daniel Bush, "'My Son Is Not the Same': New Testimony Paints Bleak Picture of Family Separation" [Mi hijo no es el mismo: Nuevo testimonio presenta un panorama desolador sobre la separación familiar], PBS NewsHour, 5 de julio de 2018 (actualizado el 6 de julio de 2018), https://www.pbs.org/newshour/politics/my-son-is-not-the-same-new-testimony-paints-bleak-picture-of-family-separation.

182 **La mayoría de los estadounidenses están consternados:** Eleanor O'Neil, "Immigration Issues: Public Opinion on Family Separation, DACA, and a Border Wall" [Asuntos de inmigración: La opinión pública sobre la separación familiar, DACA y un muro en la frontera], *AEIdeas* (blog), American Enterprise Institute, 21 de junio de 2018, https://www.aei.org/publication/immigration-issues-public-opinion-on-family-separation-daca-and-a-border-wall.

CAPÍTULO 7: TODOS LOS CUERPOS

186 **$25, por ejemplo:** Encuesta de 2017 sobre los beneficios de salud del empleador, Kaiser Family Foundation, 19 de septiembre de 2017, https://www.kff.org/report-section/ehbs-2017-section-7-employee-cost-sharing.

186 **cubiertos por Medicare:** ídem.

187 **Un estudio del 2016 reveló:** "The Association Between Income and Life Expectancy in the United States, 2001–2014" [La relación entre el ingreso y la expectativa de vida en los Estados Unidos, 2001-2014], *Journal of the American Medical Association* 315, n.o 16 (2016): 1750–66, http://www.equality-of-opportunity.org/assets/documents/healthineq_summary.pdf and https://jamanetwork.com/journals/jama/article-abstract/2513561.

187 **una brecha de 10 años en la expectativa de vida:** Dave A. Chokshi, "Income,

Poverty, and Health Inequality" [Ingreso, pobreza y desigualdad de la salud], *Journal of the American Medical Association* 319, n.o 13 (2018): 1312–13, https://jamanetwork.com/journals/jama/fullarticle/2677433.

189 **Si tienen éxito, decenas de millones:** Estimado de costos y análisis del proyecto de ley H.R. 1628, "Obamacare Repeal Reconciliation Act of 2017" [Ley de reconciliación de 2017 para derogar Obamacare], Oficina de Presupuesto del Congreso, 19 de julio de 2017, https://www.cbo.gov/publication/52939.

189 **Revocar la ACA permitiría:** Departamento de Salud y Servicios Humanos de los EE. UU., Oficina de Políticas de Salud, *Health Insurance Coverage for Americans with Pre-Existing Conditions: The Impact of the Affordable Care Act* [Cobertura de seguro médico para estadounidenses con condiciones preexistentes: El impacto de la Ley de Cuidado de la Salud Asequible] (Washington, DC, 5 de enero de 2017), https://aspe.hhs.gov/system/files/pdf/255396/Pre-ExistingConditions.pdf.

192 **en comparación con las personas en otros:** "How Prescription Drug Prices Compare Internationally" [Comparación de los precios de los medicamentos en todo el mundo], *Wall Street Journal*, 1 de diciembre de 2015, https://graphics.wsj.com/table/GlobalDrug_1201

192 **la misma dosis de Crestor:** Rachel Bluth, "Should the U.S. Make It Easier to Import Prescription Drugs?" [¿Debería EE. UU. facilitar la importación de medicamentos?], *PBS NewsHour*, 22 de marzo de 2017, https://www.pbs.org/newshour/health/u-s-make-easier-import-prescription-drugs.

192 **Tres de cada cinco estadounidenses toman:** "Public Opinion on Prescription Drugs and Their Prices" [La opinión pública en torno a los medicamentos recetados y sus precios], Henry J. Kaiser Family Foundation, https://www.kff.org/slideshow/public-opinion-on-prescription-drugs-and-their-prices.

192 **infló el precio del Albuterol:** John Morgan, *A Bitter Pill: How Big Pharma Lobbies to Keep Prescription Drug Prices High* [Una píldora amarga: Cómo las grandes farmacéuticas cabildean para mantener los precios de los medicamentos altos] (Washington, DC: Citizens for Responsibility and Ethics in Washington, 2018), https://www.citizensforethics.org/a-bitter-pill-how-big-pharma-lobbies-to-keep-prescription-drug-prices-high.

195 **los estadounidenses negros son más propensos:** Robin L. Kelly, *2015 Kelly Report: Health Disparities in America* [Informe Kelly: Desigualdades en la

salud de los Estados Unidos] (Washington, DC: Oficina de la congresista Robin L. Kelly, IL-02, 2015), 11, https://robinkelly.house.gov/sites/robin-kelly.house.gov/files/2015%20Kelly%20Report_0.pdf.

195 **En el 2013, los Centros para el Control y la Prevención de Enfermedades:** KD Kochanek, E Arias y RN Anderson, "How Did Cause of Death Contribute to Racial Differences in Life Expectancy in the United States in 2010?" [¿Cómo contribuyó la causa de muerte a las diferencias raciales en la expectativa de vida en los Estados Unidos en el 2010?], informe de datos de NCHS, núm. 125 (Hyattsville, MD: National Center for Health Statistics, julio de 2013), https://www.cdc.gov/nchs/data/databriefs/db125.pdf.'

196 **"Un bebé que nace en Cheswolde":** Olga Khazan, "Being Black in America Can Be Hazardous to Your Health" [Ser negro en Estados Unidos puede ser perjudicial para su salud], *The Atlantic*, julio/agosto de 2018, https://www.theatlantic.com/magazine/archive/2018/07/being-black-in-america-can-be-hazardous-to-your-health/561740.

196 **Los bebés negros tienen el doble de las probabilidades:** Linda Villarosa, "Why America's Black Mothers and Babies Are in Life-or-Death Crisis" [Por qué las madres negras y sus bebés enfrentan una crisis de vida o muerte], *New York Times Magazine*, 11 de abril de 2018.

196 **los bebés negros tienen menos probabilidades:** Del Informe Heckler: Además, en 1981, murieron 20 bebés negros por cada 1,000 nacimientos vivos, todavía el doble del nivel de 10.5 entre los blancos, pero similar a la tasa de los blancos en 1960. Departamento de Salud y Servicios Humanos, *Black and Minority Health*, 2 [La salud de los negros y las minorías]; "Infant Mortality" [Mortalidad infantil] Centros para el Control y la Prevención de Enfermedades, https://www.cdc.gov/reproductivehealth/maternalinfant-health/infantmortality.htm.

196 **tres veces más probabilidades:** Villarosa, "America's Black Mothers and Babies".

197 **Un importante estudio de cinco años:** Departamento de Salud e Higiene Mental de la Ciudad de Nueva York, *Severe Maternal Morbidity in New York City, 2008–2012* [Morbilidad materna grave en la Ciudad de Nueva York, 2008-2012] (New York, 2017), https://www1.nyc.gov/assets/doh/downloads/pdf/data/maternal-morbidity-report-08-12.pdf; y Nina Martin y Renee Montagne, "Black Mothers Keep Dying After Giving Birth.

Shalon Irving's Story Explains Why" [Las madres negras siguen muriendo después de dar a luz. La historia de Shalon Irving explica por qué], *All Things Considered*, NPR, 7 de diciembre de 2017, https://www.npr.org/2017/12/07/568948782/Black-mothers-keep-dying-after-giving-birth-shalon-irvings-story-explains-why.

197 **"se mete debajo de la piel":** David Bornstein, "Treating the Lifelong Harm of Childhood Trauma" [Cómo tratar el daño permanente causado por el trauma infantil], *New York Times*, 30 de enero de 2018, https://www.nytimes.com/2018/01/30/opinion/treating-the-lifelong-harm-of-childhood-trauma.html.

197 **tienen vidas más cortas:** Khazan, "Being Black in America"

198 **Las investigaciones han revelado:** Khazan, "Being Black in America"

198 **Los pacientes blancos tienen un 10 por ciento:** Robert Pearl, "Why Health Care Is Different if You're Black, Latino or Poor" [Por qué el cuidado de la salud es diferente si eres negro, latino o pobre], *Forbes*, 5 de marzo de 2015, https://www.forbes.com/sites/robertpearl/2015/03/05/healthcare-black-latino-poor/#650c70d37869.

198 **Además, es menos probable que los pacientes negros:** Quinn Capers IV, "To Reduce Health-Care Disparities We Must Address Biases in Medical School Admissions" [Para reducir las desigualdades en el cuidado de la salud tenemos que atender los prejuicios en las admisiones de la escuela de Medicina], *The Hill*, 14 de abril de 2018, https://thehill.com/opinion/healthcare/383154-to-reduce-health-care-disparities-we-must-address-biases-in-medical-school.

198 **pruebas de detección del cáncer de seno:** Pearl, "Why Health Care Is Different"

198 **sin importar su situación económica:** Villarosa, "America's Black Mothers and Babies"

199 **el médico ordenó:** Rob Haskell, "Serena Williams on Motherhood, Marriage, and Making Her Comeback" [Serena Williams habla sobre la maternidad, el matrimonio y su regreso a la cancha], *Vogue*, 10 de enero de 2018, https://www.vogue.com/article/serena-williams-vogue-cover-interview-february-2018.

199 **Si alguien como Serena Williams:** Haskell, "Serena Williams" *Vogue*.

200 **En el 2013, únicamente alrededor del 9 por ciento:** "Diversity in the Physician Workforce: Facts & Figures 2014" [La diversidad en la fuerza

laboral médica: Hechos y cifras 2014], Association of American Medical
Colleges, 2014, http://www.aamcdiversityfactsandfigures.org.

202 **los médicos del condado recetaron 1.6 millones:** Melanie Saltzman, "Ohio
Sues Big Pharma over Increase in Opioid-Related Deaths" [Ohio demanda
a Big Pharma por el aumento en las muertes relacionadas con los opioides],
PBS NewsHour, 7 de octubre de 2017, https://www.pbs.org/newshour/show/
ohio-sues-big-pharma-increase-opioid-related-deaths.

203 **38 personas murieron por sobredosis accidental:** Joel Achenbach, "No
Longer 'Mayberry': A Small Ohio City Fights an Epidemic of Self-
Destruction" [Se acabó el idilio: Una pequeña ciudad de Ohio lucha contra
una epidemia de autodestrucción], *Washington Post*, 29 de diciembre de 2016,
https://www.washingtonpost.com/national/health-science/no-longer-may-
berry-a-small-ohio-city-fights-an-epidemic-of-self-destruction/2016/12/29/
a95076f2-9a01-11e6-b3c9-f662adaa0048_story.html.

203 **perdieron la vida otras 40:** "Fentanyl and Related Drugs like Carfentanil as
Well as Cocaine Drove Increase in Overdose Deaths" [El fentanilo y otras
drogas relacionadas, como el carfentanilo, así como la cocaína, impulsaron
el aumento en las muertes por sobredosis] en el Departamento de Salud de
Ohio, *2016 Ohio Drug Overdose Data: General Findings* [Datos de 2016
sobre sobredosis de drogas en Ohio: Hallazgos generales] (Columbus, 2016),
https://www.odh.ohio.gov/-/media/ODH/ASSETS/Files/health/injury-pre-
vention/2016-Ohio-Drug-Overdose-Report-FINAL.pdf.

203 **"Ahora, puedes conseguir heroína más rápido":** Achenbach, "No Longer
'Mayberry'"

203 **"Un día de septiembre":** ídem

203 **la tasa de delitos violentos:** ídem

204 **200 niños pasaron a manos:** Paula Seligson y Tim Reid, "Unbudgeted: How
the Opioid Crisis Is Blowing a Hole in Small-Town America's Finances"
[Sin presupuestar: Cómo la crisis de los opioides está asestando un golpe
a las finanzas de los pueblos estadounidenses], Reuters, 27 de septiembre de 2017, https://www.reuters.com/article/us-usa-opioids-budgets/
unbudgeted-how-the-opioid-crisis-is-blowing-a-hole-in-small-town-americas-
finances-idUSKCN1BU2LP.

205 **259 millones de recetas médicas para opioides:** Julia Lurie, "A
Brief, Blood-Boiling History of the Opioid Epidemic" [Una

breve y sangrienta historia de la epidemia de los opioides], *Mother Jones*, enero/febrero de 2017, https://www.motherjones.com/crime-justice/2017/12/a-brief-blood-boiling-history-of-the-opioid-epidemic.

205 **cerca del 80 por ciento de los estadounidenses:** Keith Humphries, "How Legal Drug Companies Helped Revive the Heroin Trade" [Cómo las compañías de fármacos legales ayudaron a revivir el tráfico de heroína], *Wonkblog, Washington Post*, 15 de junio de 2018, https://www.washingtonpost.com/news/wonk/wp/2018/06/15/how-legal-drug-companies-helped-revive-the-heroin-trade.

205 **la cuarta parte de lo que costaría:** Emmie Martin, "The Median Home Price in the U.S. is $200,000—Here's What That Will Get You Across the Country" [El precio promedio de la vivienda en los EE. UU. es $200,000; Esto es lo que conseguiría en el país por esa cantidad], CNBC, 29 de junio de 2017, https://www.cnbc.com/2017/06/29/what-the-median-home-price-of-200000-will-get-you-across-the-us.html.

205 **ni siquiera pagaría:** Farran Powell, "What You Need to Know About College Tuition Costs" [Lo que debe saber sobre los costos de los estudios universitarios], *U.S. News & World Report*, 19 de septiembre de 2018, https://www.usnews.com/education/best-colleges/paying-for-college/articles/what-you-need-to-know-about-college-tuition-costs.

CAPÍTULO 8: EL COSTO DE VIDA

213 **"La mayoría de los contenedores":** Steven Ross, Allison Graham y David Appleby, *At the River I Stand* [Estoy de pie en el río] (San Francisco: California Newsreel, 1993), documental, 56 min., https://search.alexanderstreet.com/preview/work/bibliographic_entity%7Cvideo_work%7C1858429.

215 **"Con frecuencia pasamos por alto":** Martin Luther King Jr., "All Labor Has Dignity" [Toda labor tiene dignidad], King Series, ed. Michael K. Honey (Boston: Beacon Press, 2011).

215 **"Estamos cansados", dijo King:** King, "All Labor Has Dignity"

220 **un año de cuidado infantil para un bebé:** Tanza Loudenback, "In 33 US States It Costs More to Send Your Kid to Childcare Than College" [En 33 estados cuesta más caro enviar a su hijo a la guardería que a la universidad], *Business Insider*, 12 de octubre de 2016, http://www.businessinsider.com/costs-of-childcare-in-33-us-states-is-higher-than-college-tuition-2016-10.

220 **más de tres veces más rápido:** Michelle Jamrisko e Ilan Kolet, "College Costs Surge 500% in U.S. Since 1985: Chart of the Day" [Los costos de las universidades se han disparado en un 500% en los EE. UU. desde 1985], Bloomberg, 26 de agosto de 2013, https://www.bloomberg.com/news/articles/2013-08-26/college-costs-surge-500-in-u-s-since-1985-chart-of-the-day.

221 **menos del uno por ciento de las casas:** Jenny Luna, "Buying a Home Is Nearly Impossible for Teachers in These Cities" [Comprar una casa en estas ciudades es prácticamente imposible para un maestro], *Mother Jones*, 4 de febrero de 2017, https://www.motherjones.com/politics/2017/02/buying-house-nearly-impossible-teachers-these-cities-2.

223 **$21,000 menos que su contraparte:** Brandie Temple and Jasmine Tucker, *Equal Pay for Black Women* [Igual paga para las mujeres negras] (Washington, DC: National Women's Law Center, julio de 2017), https://nwlc.org/resources/equal-pay-for-black-women.

224 **los salarios de los obreros aumentaron en un 90 por ciento:** Lawrence Mishel, Elise Gould y Josh Bivens, *Wage Stagnation in Nine Charts* [El estancamiento de los salarios en nueve tablas] (Washington, DC: Economic Policy Institute, 2015), http://www.epi.org/publication/charting-wage-stagnation.

225 **el sueldo de los trabajadores solo aumentó un 9 por ciento:** Mishel, Gould y Bivens, *Wage Stagnation*.

226 **el director ejecutivo de una empresa gana más de 300 veces:** Diana Hembree, "CEO Pay Skyrockets to 361 Times That of the Average Worker" [El sueldo de un CEO se dispara a 361 veces el del trabajador promedio], *Forbes*, 22 de mayo de 2018, https://www.forbes.com/sites/dianahembree/2018/05/22/ceo-pay-skyrockets-to-361-times-that-of-the-average-worker.

227 **el 43 por ciento de las familias no pueden sufragar:** Quentin Fottrell, "50 Million American Households Can't Even Afford Basic Living Expenses" [50 millones de familias estadounidenses no pueden ni siquiera costear los gastos básicos], *MarketWatch*, 9 de junio de 2018, https://www.marketwatch.com/story/50-million-american-households-cant-afford-basic-living-expenses-2018-05-18.

228 **2.5 millones de empleos en una gama de industrias:** Karen Harris, Austin Kimson y Andrew Schwedel, "Quick and Painful: Brace for Job Automation's

Next Wave" [Rápido y doloroso: A prepararse para la próxima ola de automatización del empleo], Bain and Company, 7 de marzo de 2018, http://www.bain.com/publications/articles/quick-and-painful-brace-for-job-automations-next-wave-labor-2030-snap-chart.aspx.

228 **En el 2017, los fenómenos meteorológicos severos:** Jeff Goodell, "Welcome to the Age of Climate Migration" [Bienvenidos a la era de la migración climática], *Rolling Stone*, 25 de febrero de 2018, https://www.rollingstone.com/politics/politics-news/welcome-to-the-age-of-climate-migration-202221.

CAPÍTULO 9: LA INTELIGENCIA DE LA SEGURIDAD

240 **490 millones de galones:** Andrea Elliott, "Sewage Spill During the Blackout Exposed a Lingering City Problem" [El derrame de las alcantarillas durante el apagón dejó al descubierto un problema persistente de la ciudad], *New York Times*, 28 de agosto de 2003, https://www.nytimes.com/2003/08/28/nyregion/sewage-spill-during-the-blackout-exposed-a-lingering-city-problem.html.

240 **las tasas de mortalidad en la ciudad de Nueva York:** G. Brooke Anderson y Michelle L. Bell, "Lights Out: Impact of the August 2003 Power Outage on Mortality in New York, NY," [Se apagaron las luces: El impacto del apagón del 2003 en las tasas de mortalidad en New York, NY], *Epidemiology* 23, n.o 2 (marzo de 2012): 189–93, https://www.ncbi.nlm.nih.gov/pmc/articles/PMC3276729.

241 **seis millones de veces al día:** Keith Alexander, "U.S. Cybersecurity Policy and the Role of USCYBERCOM" [La política de seguridad cibernética de los EE. UU. y el rol de USCYBERCOM], transcripción de los comentarios en la serie de debates sobre política de seguridad cibernética del Centro de Estudios Estratégicos e Internacionales, Washington, DC, 3 de junio de 2010, https://www.nsa.gov/news-features/speeches-testimonies/speeches/100603-alenander-transcript.shtml.

245 **están proliferando enfermedades:** Centros para el Control y la Prevención de Enfermedades, "Illnesses from Mosquito, Tick, and Flea Bites Increasing in the US" [Las enfermedades transmitidas por mosquitos, garrapatas y pulgas están en aumento en los EE. UU.], comunicado de prensa, 1 de mayo de 2018, https://www.cdc.gov/media/releases/2018/p0501-vs-vector-borne.html.

245 **los CDC ya han identificado:** ídem

247 **Los agricultores tuvieron que abandonar:** Krista Mahr, "How Cape Town Was Saved from Running Out of Water" [Cómo se salvó Ciudad del Cabo de quedarse sin agua], *Guardian*, 4 de mayo de 2018, https://www.theguardian.com/world/2018/may/04/back-from-the-brink-how-cape-town-cracked-its-water-crisis.

248 **recupera únicamente del 7 al 8 por ciento:** Agencia de Protección Ambiental de los EE. UU. y CDM Smith, *2017 Potable Reuse Compendium* [Compendio de reutilización de agua potable 2017], (Washington, DC, 2017), 30, https://www.epa.gov/sites/production/files/2018-01/documents/potablereusecompendium_3.pdf.

248 **tan alto como 4,600 ciudadanos estadounidenses:** See Nishant Kishore et al., "Mortality in Puerto Rico After Hurricane Maria" [La mortalidad en Puerto Rico después del huracán María], *New England Journal of Medicine* 379, n.o 2 (12 de julio de 2018): 162–70, https://www.nejm.org/doi/full/10.1056/NEJMsa1803972#article_citing_articles.

CAPÍTULO 10: LO QUE HE APRENDIDO

259 **ayudó a salir de la pobreza a cientos de millones:** Bill Gates, "Here's My Plan to Improve Our World—and How You Can Help" [Este es mi plan para mejorar nuestro mundo; y cómo tú puedes ayudar] *Wired*, 12 de noviembre de 2013, https://www.wired.com/2013/11/bill-gates-wired-essay.

260 **"Supongo que la gente no habla":** Mimi Kirk, "One Answer to School Attendance: Washing Machines" [Una respuesta para que asistan a la escuela: Lavadoras] *CityLab*, 22 de agosto de 2016, https://www.citylab.com/solutions/2016/08/school-attendance-washing-machines/496649.

268 **Kavanaugh indujo a error al senado:** Paul Blumenthal y Jennifer Bendery, "All the Lies Brett Kavanaugh Told" [Todas las mentiras que dijo Brett Kavanaugh], *Huffington Post*, 1 de octubre de 2018, https://www.huffingtonpost.com/entry/brett-kavanaugh-lies_us_5bb26190e4b027da00d61fcd.

268 **Descubrimos que cuando estaba en la preparatoria:** Transcripción de la audiencia de confirmación de Kavanaugh, Washington Post (transcripción cortesía de Bloomberg Government), https://www.washingtonpost.com/news/national/wp/2018/09/27/kavanaugh-hearing-transcript. Las referencias

subsiguientes a información presentada durante la audiencia de confirmación de Kavanaugh también se pueden encontrar aquí.

271 **"¡Eso no se puede tolerar!"**: Niraj Chokshi y Astead W. Herndon, "Jeff Flake Is Confronted on Video by Sexual Assault Survivors" [Jeff Flake es confrontado en video por sobrevivientes de agresión sexual], *New York Times*, 28 de septiembre de 2018, https://www.nytimes.com/2018/09/28/us/politics/jeff-flake-protesters-kavanaugh.html.

271 **"que ellas no importan"**: Jesús Rodríguez, "Woman Who Confronted Flake 'Relieved' He Called for Delaying Kavanaugh Vote" [Las mujeres que confrontaron a Flake se sienten 'aliviadas' porque este haya pedido la posposición de la votación sobre Kavanaugh], *Politico*, 28 de septiembre de 2018, https://www.politico.com/story/2018/09/28/jeff-flake-protester-kavanaugh-852971.

272 **"Todos los días calculaba los riesgos/beneficios"**: Transcripción de la audiencia de confirmación de Kavanaugh.

275 **experimentó un incremento en llamadas del 200 por ciento**: Holly Yan, "The National Sexual Assault Hotline Got a 201% Increase in Calls During the Kavanaugh Hearing" [La línea de ayuda nacional para víctimas de agresión sexual tuvo un aumento en llamadas de un 201% durante la audiencia de Kavanaugh], CNN, 28 de septiembre de 2018, https://www.cnn.com/2018/09/24/health/national-sexual-assault-hotline-spike/index.html.

ÍNDICE

ÍNDICE